La parole de Dieu guérit

Derek Prince

ISBN 978-1-78263-087-6

Originally published in English as 'God's Word Heals'.

Traduit avec permission de Derek Prince Ministries International USA, P.O. Box 19501, Charlotte, North Carolina 28219-9501, USA.

Droits d'auteur traduction octobre 2010 DPM International. Tous droits réservés.

Traduit par Anne Joëlle Fuchs et Florence Boyer

Aucun extrait de cette publication ne peut être reproduit ou transmis sous une forme quelconque, que ce soit par des moyens électroniques ou mécaniques, y compris la photocopie, l'enregistrement ou tout stockage ou report de données sans la permission écrite de l'éditeur.

Sauf autre indication, les citations bibliques de cette publication sont tirées de la traduction Louis Segond "Nouvelle Edition".

Publié par Derek Prince Ministries France, 2010.

Dépôt légal: 2e trimestre 2010.

Deuxième impression, 4e trimestre 2012.

Couverture faite par Damien Baslé, www.damienbasle.com

Note de l'Editeur: Ce livre résulte d'une compilation d'archives d'enseignements non publiés de Derek Prince et est édité par l'équipe de Derek Prince Ministries.

Imprimé en France par IMEAF, 26160 La Bégude-de-Mazenc - 93909

Pour tout renseignement:

DEREK PRINCE MINISTRIES FRANCE

Route d'Oupia, B.P.31, 34210 Olonzac FRANCE

tél. (33) 04 68 91 38 72 fax (33) 04 68 91 38 63

E-mail info@derekprince.fr * www.derekprince.fr

Note : Ce livre n'a pas pour but de donner des avis médicaux ni de se substituer à ces avis ainsi qu'aux prescriptions de votre médecin traitant. La maison d'édition ainsi que le ministère de l'auteur décline toute responsabilité quant aux conséquences des actes entrepris par une personne suite à la lecture de ce livre. Si le lecteur suit un traitement médical, il doit consulter son médecin et ne pas arrêter ce traitement sans surveillance de sa part ou son accord préalable. Veuillez toujours consulter votre médecin ou un autre professionnel du domaine médical avant de d'entreprendre de modifier votre hygiène de vie habituelle, que ce soit par le jeûne, un régime, un traitement médical ou un sport.

Table des matières

1. Jésus, notre guérisseur — page 5
2. Dieu sauve, guérit et délivre — page 11
3. Quelle sorte de foi faut-il pour la guérison? — page 19
4. La guérison et la croix — page 33
5. Choisir Jésus comme médecin — page 45
6. Le message guérisseur de Jésus:
   la bonne nouvelle du royaume — page 55
7. Les méthodes de guérison de Jésus — page 67
8. La guérison en tant que don de l'Esprit — page 77
9. Les obstacles invisibles à la guérison — page 89
10. le casque de l'espérance:
    la délivrance de la dépression — page 107
11. Comment Dieu m'a conduit à accomplir des miracles — page 129
12. Entrer en action! — page 141

Une proclamation quotidienne de santé et de guérison — page 155

Chapitre 1

Jésus, notre guérisseur

Le but de ce livre est d'aider quiconque a besoin d'être guéri, et cela implique la plupart d'entre nous. Je parle beaucoup de guérison physique dans ce livre, avec un chapitre sur la délivrance et le renouvellement de l'intelligence, et mon désir est que vous expérimentiez la guérison vous-même.

La guérison a une part importante dans l'évangile

Avec la nouvelle naissance spirituelle, la guérison physique est une part importante du message de l'Evangile. Comment pouvons-nous en être sûrs? Jésus est venu sur la terre pour révéler la volonté de Dieu. Il a dit:

… car je suis descendu du ciel pour faire, non ma volonté, mais la volonté de celui qui m'a envoyé. (Jean 6:38)

Les paroles que je vous dis, je ne les dis pas de moi-même; et le Père qui demeure en moi, c'est lui qui fait les œuvres. (Jean 14:10)

C'est pourquoi les choses que je dis, je les dis comme le Père me les a dites. (Jean 12:50)

Jésus a résumé cela en disant: *"Celui qui m'a vu a vu le Père"* (Jean 14:9).

Si vous voulez savoir qui est le père et quelle est sa volonté, Jésus vous conduit à l'observer lui et son ministère sur la terre.

Dans le livre des Actes, l'apôtre Pierre présente le ministère terrestre de Jésus par une pensée magnifique, en un seul verset succinct:

Dieu a oint du Saint-Esprit et de force Jésus de Nazareth, qui allait de lieu en lieu faisant du bien et guérissant tous ceux qui étaient sous l'empire du diable, (Actes 10:38)

Les trois personnes de la divinité sont inclues dans ce verset. Dieu le Père a oint Jésus le Fils du Saint-Esprit. Colossiens 2:9 dit: *"Car en lui [Jésus] habite corporellement toute la plénitude de la divinité."*

Quel a été le résultat de la présence de Jésus sur terre? Il est allé " *de lieu en lieu faisant du bien et guérissant tous ceux qui étaient sous l'empire du diable.* " La guérison est attribuée à Jésus; la maladie et l'oppression au diable. J'aime que la Bible le dise aussi clairement et simplement.

Jésus a apporté la justice et la guérison

Dans le quatrième chapitre de Malachie, nous lisons: *Mais pour vous qui craignez mon nom, se lèvera Le soleil de la justice, Et la guérison sera sous ses ailes* (verset 2). Je pense que c'est une prophétie des derniers jours parce que, lorsque vous lisez la suite du chapitre, cela vous emmène directement au paroxysme de ce temps. Et je pense que cette prophétie s'accomplit maintenant. *Mais pour vous qui craignez mon nom, se lèvera Le soleil de la justice, et la guérison sera sous ses ailes.* Jésus-Christ, ressuscité des morts, est le soleil de justice. Dans le monde naturel, le soleil est la seule source de lumière pour notre planète. Dans le monde spirituel, Jésus est la seule source de lumière pour nous. Que nous apporte la lumière spirituelle? Justice et guérison. Jésus est venu apporter la délivrance du péché (la justice) et la délivrance de la maladie (la guérison).

Les œuvres des ténèbres sont à l'opposé des œuvres de la lumière. Quel est l'opposé de la justice? Le péché. Quel est l'opposé de la guérison? La maladie. Ces faits sont très clairs. Il est important que nous les gardions à l'esprit tout au long de la lecture de ce livre.

Pourquoi certaines personnes ne sont-elles pas guéries?

Avant d'explorer la nature de la guérison, occupons-nous de savoir pourquoi certaines personnes semblent ne pas être guéries. Deutéronome 29:29 dit: *Les choses cachées sont à l'Eternel, notre Dieu.* Ce sont ses affaires. Le verset continue par: *les choses révélées sont à nous et à nos enfants, à perpétuité, afin que nous mettions en pratique toutes les paroles de cette loi.*

En ce qui me concerne, je pense que la raison pour laquelle certaines personnes ne sont pas guéries est un secret connu de Dieu seul. Franchement mes affaires ne consistent pas à connaître celles de Dieu. *Les choses cachées sont à l'Eternel, notre Dieu.* Cependant, tout ce qui est révélé dans la Parole est à nous et à nos enfants, afin que nous puissions agir en conséquence. Découvrons donc ensemble ce qui est révélé dans la parole au sujet de la guérison. Il faut rester simple sur le sujet de la guérison.

Votre engagement

Je voudrais vous encourager à vous engager personnellement dans cette affaire de la guérison. Ma conception du ministère de guérison est que les membres du corps de Christ devraient venir ensemble exercer le ministère de guérison envers les autres membres du corps. Ce que je vais vous partager dans les chapitres suivants vous amènera par étapes à comprendre comment recevoir votre propre guérison et comment exercer le ministère de guérison envers les autres.

Mon cher ami, Bob Mumford, a dit un jour qu'il croyait que le monde commençait à rechercher l'Eglise et à en attendre quelque chose. Personnellement, j'ai toujours pensé qu'il devait en être ainsi. Le monde n'a absolument prêté aucune attention à l'Eglise pendant trop longtemps. Mais je crois que Dieu voudrait que cela change. Le monde est en train de se rendre compte de ce que nous faisons. Franchement ce n'est pas trop tôt.

Ce ne sera pas la puissance politique qui poussera le monde à remarquer l'Eglise. Ce sera la puissance spirituelle, manifestation de la guérison comprise. Il est très important de ne pas oublier cela.

Une prière d'implication dans la guérison

Le premier pas dans votre compréhension de la guérison est celui de votre implication dans le ministère actif de la guérison, je voudrais que vous répétiez une puissante prière qui se trouve en Actes 4. Cette prière représente une pétition collective émise par les premiers disciples.

Laissez-moi vous en résumer le contexte. Pour la première fois, depuis que Jésus était retourné au ciel après sa résurrection, les apôtres avaient rencontré une opposition violente. Les dirigeants religieux et politiques leur avaient interdit de continuer de prêcher au nom de Jésus. Il est étonnant de voir que parfois, l'opposition a plus de discernement que le peuple de Dieu. Ils s'étaient rendus compte que si les apôtres étaient forcés d'éliminer le nom de Jésus de leur ministère, la puissance les quitterait également.

Et ce pour quelle raison? Parce que toutes les promesses de Dieu le Père ne sont valables que dans le nom de Jésus. *Car, pour ce qui concerne toutes les promesses de Dieu, c'est en lui qu'est le oui; c'est pourquoi encore l'Amen par lui est prononcé par nous à la gloire de Dieu.* (2 Corinthiens 1:20). J'ai la certitude que satan avait inoculé cette pensée dans l'esprit de ces notables: *Nous allons leur défendre de parler désormais à qui que ce soit au nom de Jésus.* (Voir Actes 4:17)

Face à cette situation, les responsables de l'Eglise Primitive sont retournés dans leur groupe. Ils ont convoqué un rassemblement des premiers disciples et leur ont déclaré: "Il faut prier." Une fois tous rassemblés, ils ont prié d'un seul cœur sous l'inspiration du Saint-Esprit. Il est significatif de noter que le Saint-Esprit a voulu que cette prière soit rapportée dans la parole; cela me pousse à penser qu'elle doit être un bon modèle pour nous et que ce modèle n'est pas archaïque.

J'aimerais que vous lisiez ces deux versets de Actes 4, non comme une simple lecture de la parole mais également comme une prière pour vous-même afin de vous impliquer dans l'œuvre de Dieu dans votre vie et dans le monde. Je vous prie de faire cette prière:

Et maintenant, Seigneur, vois leurs menaces, et donne à tes serviteurs d'annoncer ta parole avec une pleine assurance, en étendant ta main, pour qu'il se fasse des guérisons, des miracles et des prodiges, par le nom de ton saint serviteur Jésus. (Actes 4:29–30)

Voilà, vous vous êtes impliqués!

Vous venez de faire une prière très particulière. C'est une prière qui change la vie. Elle a changé celle des premiers disciples dont la supplique était: "Seigneur, nous avons besoin que tu viennes à notre aide. Nous sommes confrontés à l'opposition, il nous faut une percée." Leur demande était spécifique: "Seigneur, voudras-tu bien étendre ta main pour guérir? Et nous accorderas-tu qu'il se fasse des signes et des prodiges au nom de Jésus?"

Ce genre de prière, faite sincèrement, demande une certaine dose de courage. Certains chrétiens font des prières tellement vagues qu'ils ne sauront jamais si Dieu a réellement répondu ou non! Ces prières ne vous donneront pas d'opposition, mais sont par contre inutiles. Dieu répond aux prières engagées. Elles contiennent des éléments spécifiques qui permettent de déterminer si oui ou non Dieu a répondu. La prière des disciples était spécifique et je vous demande de la reformuler en la lisant à nouveau.

Et maintenant, Seigneur, vois leurs menaces, et donne à tes serviteurs d'annoncer ta parole avec une pleine assurance, en étendant ta main, pour qu'il se fasse des guérisons, des miracles et des prodiges, par le nom de ton saint serviteur Jésus. (Actes 4:29–30)

A présent, vous l'avez faite. A partir de maintenant, votre vie va être différente.

Chapitre 2
Dieu sauve, guérit et libère!

Dans le but de continuer à poser les fondations scripturaires de la guérison, j'aimerais me concentrer sur la première moitié du Psaume 107, parce qu'il contribue considérablement à nous faire comprendre ce que Dieu nous offre dans ce domaine. J'espère que vous ferez vôtres ces principes et que vous serez prêts à agir en conséquence. Commençons par lire les dix-sept premiers versets de ce psaume.

Louez l'Eternel, car il est bon, car sa miséricorde dure à toujours! Qu'ainsi disent les rachetés de l'Eternel, ceux qu'il a délivrés de la main de l'ennemi, et qu'il a rassemblés de tous les pays, de l'orient et de l'occident, du nord et de la mer! Ils erraient dans le désert, ils marchaient dans la solitude, sans trouver une ville où ils pussent habiter. Ils souffraient de la faim et de la soif; leur âme était languissante. Dans leur détresse, ils crièrent à l'Eternel, et il les délivra de leurs angoisses; il les conduisit par le droit chemin, pour qu'ils arrivassent dans une ville habitable. Qu'ils louent l'Eternel pour sa bonté, et pour ses merveilles en faveur des fils de l'homme! Car il a satisfait l'âme altérée, Il a comblé de biens l'âme affamée. Ceux qui avaient pour demeure les ténèbres et l'ombre de la mort vivaient captifs dans la misère et dans les chaînes, parce qu'ils s'étaient révoltés contre les paroles de Dieu, parce qu'ils avaient méprisé le conseil du Très Haut. Il humilia leur cœur par la souffrance; ils succombèrent, et personne ne les secourut. Dans leur détresse, ils crièrent à l'Eternel, et il les délivra de leurs angoisses; il les fit sortir des ténèbres et de l'ombre de la mort, et il rompit leurs liens. Qu'ils louent l'Eternel pour sa bonté et pour ses merveilles en faveur des fils de l'homme! Car il a brisé les portes d'airain, il a rompu les verrous de fer. Les insensés, par leur conduite coupable et par leurs iniquités, s'étaient rendus malheureux. (Psaume 107:1–17)

L'homme est responsable de sa condition

Le Psaume 107 nous dit ce qu'il en est, n'est-ce pas? Vous remarquerez que tout au long de ce Psaume, l'homme est décrit comme responsable de sa propre situation déplorable. Chaque fois que la Bible, la parole de Dieu, place sur l'homme la responsabilité de sa sottise, de sa désobéissance, de sa rébellion et de son rejet de la parole et du conseil de Dieu, elle affirme juste que la responsabilité nous appartient – à nous. Nous ne pouvons pas la remettre sur le dos de Dieu.

Continuons de lire le Psaume 107, en commençant par le verset par lequel nous avons terminé:

Les insensés, par leur conduite coupable et par leurs iniquités, s'étaient rendus malheureux. Leur âme avait en horreur toute nourriture, et ils touchaient aux portes de la mort. (versets 17–18)

En d'autres termes, ils étaient en phase terminale. Leur cas était désespéré. Le docteur ne pouvait plus rien pour eux. Ils avaient perdu tout appétit et n'arrivaient plus à s'alimenter. Ils étaient aux portes de la mort et n'attendaient donc que de mourir.

J'aime beaucoup le verset suivant. Il dit: *… ils crièrent à l'Eternel* (Psaume 107:19). Certaines personnes attendent la dernière minute pour prier, n'est-ce pas? Lorsque vous êtes aux portes de la mort, c'est vraiment la dernière occasion que vous avez de prier. *Dans leur détresse, ils crièrent à l'Eternel, et il les délivra de leurs angoisses;* (verset 19).

Comment Dieu répond-il à la condition désespérée de l'homme

Qu'envoie le Seigneur pour répondre à nos appels à l'aide désespérés?

Il envoya sa Parole et les guérit, il les fit échapper de la fosse. Qu'ils louent l'Eternel pour sa bonté, et pour ses merveilles en faveur des fils de l'homme! Qu'ils offrent des sacrifices d'actions de grâces, et qu'ils publient ses œuvres avec des cris de joie! (Psaume 107:20–22)

Dieu envoie sa Parole pour répondre à nos besoins. Remarquez, en envoyant sa Parole, il fait trois choses majeures:

*Dans leur détresse, ils crièrent à l'Eternel, et il les **délivra** de leurs angoisses; il envoya sa Parole et les **guérit**, Il les fit **échapper** de la fosse* (versets 19–20)

Quelles sont les trois choses que Dieu fait? Il sauve, il guérit, il délivre. Par quel moyen y parvient-il? Par sa Parole.

La base pour recevoir est la parole de Dieu

Je me permets de vous affirmer très clairement que la base pour recevoir le salut, la guérison et la délivrance est la parole de Dieu. Ne cherchez jamais à outrepasser la parole de Dieu pour avoir des résultats. A l'identique, la base du ministère de guérison est la parole de Dieu. Lorsque Jésus a donné des instructions à ses douze disciples avant de les envoyer exercer leur ministère, il a commencé par dire: *Allez, prêchez* (Matthieu 10:7). Puis, il a dit:, *Guérissez les malades, ressuscitez les morts, purifiez les lépreux, chassez les démons* (verset 8). C'est la Parole qui apporte la guérison, la purification, la résurrection des morts et la délivrance des démons. Tout est basé sur la parole de Dieu.

Avant même de vouloir exercer le ministère de guérison, il est essentiel de comprendre ce qu'en dit la parole de Dieu. En entendant des enseignements sur la guérison, il se peut que certains pensent, *j'aimerais bien qu'il s'arrête de parler et qu'il commence à prier.* Cette attitude est contre productive. Jacques 1:21 dit: *... recevez avec douceur la parole qui a été plantée (greffée, selon certaines versions) en vous, et qui peut sauver vos âmes.* Cette *"parole"* n'est pas seulement capable de sauver vos âmes mais aussi de guérir votre corps. Si vous la recevez avec douceur et si vous ouvrez votre cœur au Seigneur. Si vous laissez la parole fusionner avec la foi au-dedans de vous, elle accomplira les desseins de Dieu.

Un verset crucial pour comprendre la guérison

1 Pierre 2:24 est un verset tout particulièrement important pour établir une fondation biblique de la guérison. Pierre écrit:

> *Lui* [Christ] *qui a porté lui-même nos péchés en son corps sur le bois, afin que morts aux péchés nous vivions pour la justice; lui par les meurtrissures duquel vous avez été guéris.*

Le mot grec traduit par "guéris" ici signifie spécifiquement la guérison physique. Le mot 'docteur' en grec en est dérivé.

J'ai expérimenté ce verset de façon démonstrative il y a plusieurs années, lorsque j'étais missionnaire au Kenya, en Afrique de l'Est. Tous les jours de la semaine, j'étais allé prêcher dans une assemblée d'environ cinq cent personnes. Un jour, j'ai décidé de baser ma prédication sur 1 Pierre 2:24 parce que, pour moi, ce verset représente le cœur du message de l'Evangile. J'avais prévu de prêcher sur la merveilleuse transformation et permutation qui s'opère lorsque nous mourrons au péché et renaissons à la justice. Je voulais me focaliser sur le fait que la mort doit précéder la vie et qu'on ne peut pas vivre sans être mort avant. C'est l'ordre divin: ... *afin que morts aux péchés nous vivions pour la justice.* C'est un principe d'une grande profondeur pour moi.

Néanmoins, durant le trajet pour me rendre à cette réunion, la pensée me vint, *il est probable que 80 % des personnes auxquelles tu vas prêcher sont illettrées. Elles ne savent ni lire ni écrire. Comment attendre d'elles qu'elles comprennent la profondeur de ces principes?* Je commençai à me demander comment j'allais présenter le message de la bonne manière. Or, alors que je conduisais, c'était comme si le Saint-Esprit me disait, *réfléchis donc à ce verset dans la version King James* (Ndt: version anglaise classique de la Bible) *compte le nombre de mots et regarde combien d'entre eux n'ont qu'une syllabe.* C'est ce que j'ai fait et j'ai trouvé qu'il y avait trente mots dans ce verset: un de trois syllabes, quatre de deux syllabes et vingt-cinq d'une syllabe seulement. Pourtant, je ne connais aucune déclaration en langue anglaise aussi profonde que ce verset. Dieu semblait me dire, *Ces mots sont justement ceux que ces gens comprennent. C'est exactement ce qu'ils vivent.*

Souvent, les concepts les plus profonds s'expriment dans les termes les plus simples. En fait, je pense que si je ne suis pas capable de transmettre un principe dans la simplicité, c'est que je ne l'ai pas clairement compris moi-même. En ce qui me concerne, je creuse le principe jusqu'à parvenir à cette clarté et pour certains, cela m'a parfois pris des années. Nous devrions toutefois être capables d'expliquer un principe avec une simplicité telle qu'elle serait aisément compréhensible par un enfant de douze ans. Cela a toujours été mon objectif dans mes prédications. Ce n'est peut-être pas celui de tout le monde mais ça a été le mien. Je me suis donné pour mission de rendre les choses tellement simples et tellement évidentes que personne ne pourrait perdre son temps à les contredire.

La persévérance dans la guérison

J'ai appris des choses profondes sur la guérison durant ces réunions au Kenya. Comme je l'ai dit, j'ai prêché là-bas pendant sept jours successifs. Tous les jours, à la fin de mon message, je disais: "Combien d'entre vous désirent-ils que je prie pour leur guérison?" Et, tous les jours, un grand nombre de gens se levaient pour recevoir la prière. Chaque jour, un petit garçon amenait une dame aveugle à la réunion. Et tous les jours, lorsque je demandais qui voulait recevoir la guérison, elle se levait. Je priais, mais elle restait aveugle.

Le septième jour, un dimanche, il y avait tellement de monde que le bâtiment était trop petit pour les contenir. Nous nous sommes donc réunis sur la colline en plein air. J'ai fait exactement la même chose qu'à l'intérieur. J'ai prêché et j'ai demandé: "Combien de personnes veulent-elles que je prie pour leur guérison?" Un grand nombre de gens se sont levés, la dame aveugle aussi, pour la septième fois en sept jours. J'ai fermé les yeux, prié pour leur guérison, fait une pause puis, j'ai ouvert les yeux. Savez-vous ce que j'ai vu? La dame aveugle marchait toute seule pour démontrer à tout le monde qu'elle avait reçu la vue!

Ce fut une leçon très importante pour moi. Cette dame n'avait pas eu l'intention d'abandonner. Bien que rien ne se soit passé au bout de six fois, elle n'a pas protesté en disant: 'ça ne marche pas!' Elle s'est contentée de se relever pour la septième fois. Parfois, la foi exige de la persévérance.

L'obéissance dans la guérison

Rappelez-vous de l'histoire de Naaman dans l'Ancien Testament. (Voir 2 Rois 5:1-14) Il était commandant de l'armée du roi de Syrie mais il était également lépreux. Sa petite esclave, une Israélite, lui avait parlé d'un prophète en Israël qui pourrait le guérir. Naaman se rendit chez le roi d'Israël muni d'une lettre de la part du roi de Syrie qui, en substance, disait: "Veuillez guérir Naaman de sa lèpre". Le roi d'Israël en fut très affecté et réagit: "Qui croit-il que je sois, pour guérir les gens?". Elisée le prophète eut vent de la réaction du roi d'Israël et envoya un messager lui proposer: "Envoyez-le moi. Qu'il sache qu'il y a un prophète en Israël".

Ainsi donc Naaman se présenta à la porte de la maison d'Elisée. A la manière des gens riches et influents, il pensait qu'il pouvait venir à Dieu en grande pompe, pour l'impressionner. Il arriva donc sur son char, avec ses chevaux, de l'argent, de l'or, dix tenues de rechange et beaucoup de serviteurs. Il avait sa propre idée de ce à quoi une guérison miraculeuse devait ressembler: *Elisée va sortir et faire quelque chose de grandiose. Il élèvera ses mains au-dessus de moi et je serai guéri.* Mais le Saint-Esprit sait parfaitement comment et où toucher les gens. Il donna à Elisée les instructions suivantes, en résumé: *Ne sors pas prier pour lui. Ne te montre pas trop intéressé par lui. Ne te laisse pas impressionner par sa fortune et sa position sociale. Envoie-lui simplement ce message: "va te laver sept fois dans le Jourdain et tu seras guéri".*

Avez-vous eu l'occasion de voir le fleuve du Jourdain? Pour ma part, j'y ai été baptisé le 24 Août 1942. Ce n'est pas un fleuve magnifique et romantique. C'est un courant boueux. Lorsque j'y suis entré, j'ai dû lutter pour garder l'équilibre et ne pas glisser dans la vase du fond.

Naaman regarda le Jourdain et dit ,"Quoi, ce fleuve? Ce courant boueux? Dans mon pays nous avons de magnifiques fleuves dont l'eau descend des montagnes, pure et claire. Les fleuves de Damas, l'Abana et le Parpar, ne valent-ils pas mieux que toutes les eaux d'Israël?" Naaman s'irrita et était sur le point de faire demi-tour plein de fureur. Mais l'un de ses serviteurs lui dit: "Mon père, si le prophète t'eût demandé quelque chose de difficile, ne l'aurais-tu pas fait? Combien plus dois-tu faire ce qu'il t'a dit: Lave-toi, et tu seras pur!" Heureusement, Naaman était suffisamment avisé pour comprendre le message. Il se déshabilla donc. Cela a dû être une épreuve humiliante pour lui, parce qu'il devait exposer sa chair lépreuse. Il alla donc dans le fleuve et s'y plongea sept fois.

Dans ce passage il est très clair qu'il ne s'est rien passé après qu'il s'y fut plongé six fois, aucun changement dans la condition de Naaman. Il lui aurait été facile de dire, "ça ne marche pas!" Mais il s'est plongé une septième fois et en est ressorti guéri.

Dieu demande de l'obéissance et il ne va de notre responsabilité d'obéir. Certes, la responsabilité de Dieu est de faire sa part du travail. Mais si vous n'obéissez pas, vous n'avez rien à lui réclamer.

L'échange extraordinaire

Relisons donc ce verset crucial que nous avons lu précédemment:

Lui [Christ] *qui a porté lui-même nos péchés en son corps sur le bois, afin que morts aux péchés nous vivions pour la justice; lui par les meurtrissures duquel vous avez été guéris.* (1 Pierre 2:24)

Christ, portant nos péchés, parle du don de Dieu de pardon et de délivrance de la puissance du péché. Jésus a porté nos péchés dans son propre corps sur la croix. Pour quoi faire? *Afin que morts aux péchés (*ou, ayant été délivrés de l'esclavage du péché*) nous vivions pour la justice.*

La première partie du verset souligne l'aspect spirituel de ce que Christ a accompli sur la croix. La seconde partie révèle le don physique de Dieu: *par les meurtrissures duquel vous avez été guéris.* Il est absolument remarquable de noter que, lorsque la Bible parle de guérison, se référant au sacrifice expiatoire de Christ, elle n'utilise jamais le futur.

Dans le livre d'Esaïe, qui a été écrit sept cent ans avant Christ, nous lisons:

Cependant, ce sont nos souffrances [la traduction correcte est:maladies] *qu'il a portées, c'est de nos douleurs qu'il s'est chargé; ..., et c'est par ses meurtrissures* [ses blessures] *que nous sommes guéris.* (Esaïe 53:4-5)

Vous remarquerez que le futur n'est pas utilisé. Ce n'est pas *que nous serons guéris* mais *que nous sommes guéris.* Ce que dit l'hébreu en réalité est assez difficile à traduire, mais je vais vous en donner une traduction libre: "Avec ses blessures, cela a été guéri pour nous." Cette phrase est au passé impersonnel. En d'autres termes, par ses blessures physiques, la guérison physique nous a été donnée.

Jésus a pris le mal sur lui afin qu'en retour, nous recevions le bien: *l'Eternel a fait retomber sur lui l'iniquité de nous tous* (Esaïe 53:6). La rébellion et toutes ses mauvaises conséquences sont venues sur Jésus lorsqu'il était pendu à la croix. Son âme est devenue péché. Son corps est devenu maladie. Il est devenu malédiction. Il est mort. Et il a fait cela afin qu'en retour, nous puissions recevoir le bien correspondant.

A la place du péché, Dieu offre la justice.
A la place de la maladie, Dieu nous offre la santé.
A la place de la malédiction, Dieu nous offre la bénédiction.

A la place de la mort, Dieu offre la vie.

Ce fut un acte d'échange. Toute le mal dû à la rébellion de la race humaine est venu sur Jésus, le Fils de Dieu sans péché, afin que tout le bien qui lui était dû par droit éternel, soit mis à la disposition de toute la race humaine. C'est la signification de la croix.

S'approprier la guérison qui a déjà été donnée

En 1 Pierre 2:24, Pierre cite Esaïe quelques années après la mort et la résurrection de Jésus. Notez qu'il utilise encore le passé: *c'est par ses meurtrissures* [ses blessures] *que nous sommes guéris*. En ce qui concerne le Seigneur, la guérison est déjà donnée.

Il se peut que vous vous demandiez encore, "Comment puis-je savoir que c'est la volonté de Dieu de me guérir?" Voilà ma réponse, "Si vous êtes un croyant en Jésus-Christ, un enfant de Dieu par la foi en Jésus, vous ne vous posez pas la bonne question. Il ne s'agit pas de savoir si c'est la volonté de Dieu de nous guérir. Mais plutôt de comment s'approprier la guérison que Dieu nous a déjà donnée.

Je pense que la guérison a déjà été donnée à travers Christ. Je le crois, que je sois malade ou en bonne santé. Ce sont deux situations différentes. C'est une chose que de croire en la guérison divine lorsqu'on est en bonne santé. C'est une bonne chose, mais il n'est pas tellement difficile d'y croire. Il est bien plus important d'y croire lorsqu'on est malade. C'est ce que j'ai découvert. Lorsque j'étais enrôlé durant la Deuxième Guerre mondiale, je me suis retrouvé sur un lit d'hôpital en Egypte, pendant toute une année où les docteurs ont tenté, sans succès, de me guérir d'un eczéma chronique, une maladie de peau. Puis, je suis sorti de l'hôpital et Dieu m'a guéri, parce que j'en suis venu à croire à ce que disait sa Parole sur la guérison. Je ne suis pas en train de prêcher une théorie que je n'ai pas mise en pratique moi-même. Dieu, notre Père, a mis la guérison à la disposition de ses enfants.

Ma conviction personnelle est que la question de la volonté de Dieu concernant la guérison a déjà été résolue. Je n'ai aucun désir de me disputer avec quiconque. En ce qui me concerne, "par ses meurtrissures, nous avons été guéris". Le don a eu lieu.

Dans le prochain chapitre, nous examinerons de plus près la nature de la foi, un ingrédient très important pour tout type de guérison.

Chapitre 3

De quel genre de foi avons-nous besoin pour la guérison?

Je voudrais commencer ce chapitre en me focalisant sur quatre principes de base au sujet la nature de la foi, parce que celle-ci est absolument essentielle en ce qui concerne de la guérison. Bien que l'on parle beaucoup de la foi dans les milieux chrétiens, la plupart des chrétiens ne sont pas très au clair quant à sa réelle nature.

Quatre principes sur la nature de la foi

La foi est personnelle

Les deux premiers principes se trouvent en Habacuc 2:4: *Le juste vivra par sa foi.* Ce verset contient certains faits vitaux mais simples. Tout d'abord, la foi est personnelle. L'homme juste vivra par sa propre foi. Et non par celle de quelqu'un d'autre.

Vous ne pouvez pas vous baser sur la foi de votre mari, de vos parents ou de votre pasteur. Vous devez vivre par votre foi. Vous devez faire face à cette responsabilité sans faux-fuyants. Dieu n'acceptera pas la foi de quelqu'un d'autre comme un substitut permanent de la vôtre. Il se peut qu'il le fasse temporairement, mais il attend que vous acquériez et que vous viviez votre propre foi, une foi personnelle.

Vivre par la foi englobe tous les domaines

Deuxièmement, il nous faut réaliser à quel point cette affirmation est englobante: *Le juste vivra par sa foi* (Habacuc 2:4). La vie comprend toutes ces choses: respirer, penser, manger, parler, marcher, travailler, prier, et tout le reste. Quelle que soit l'activité, la seule raison d'être qui la justifie aux yeux de Dieu est la foi. Romains 14:23 dit: *Or tout ce qui n'est pas sur le principe de la foi est péché.* (Darby) Que ce soit ou non une activité religieuse. Si elle n'est pas basée sur la foi, elle est péché. Dieu ne tolère une activité que sur une seule base. *Or sans la foi il est impossible* [notez le mot: impossible] *de lui* [Dieu] *être agréable"* (Hébreux 11:6). Beaucoup de gens s'acharnent à plaire à Dieu sans la foi, mais c'est une chose impossible.

La vie de la foi est progressive

Troisièmement, nous devons comprendre que la vie de foi est progressive. Elle n'est pas statique. Il ne s'agit pas d'un état. La mauvaise compréhension de cet aspect de la foi est l'un des plus grands pièges dans lequel tombe la majorité des chrétiens. Ils ont souvent le sentiment qu'ils sont arrivés à un point où ils sont capable de dire: "Voilà, j'ai expérimenté ceci ou cela. Je sais ceci ou cela. Je suis *arrivé.*" Ce n'est pourtant pas ce qu'enseigne la Bible.

La vie est une chose qui progresse; elle ne fait pas de sur-place. L'apôtre Paul a dit aux gens d'Athènes: ... *en lui nous avons la vie, le mouvement, et l'être* (Actes 17:28). Une chose est sûre: si vous êtes vivant, vous bougez. Lorsque vous cessez de bouger entièrement, vous êtes mort. Ceci est vrai pour les choses naturelles mais aussi pour les spirituelles.

Job 17:9 dit: *Le juste néanmoins demeure ferme dans sa voie, celui qui a les mains pures se fortifie de plus en plus.* Le juste avance et devient de plus en plus fort. Si vous n'avancez pas et ne vous fortifiez pas constamment, vous ne vivez pas la vie d'un homme juste par la foi.

Proverbes 4:18 dit: *Le sentier des justes est comme la lumière resplendissante, dont l'éclat va croissant jusqu'au milieu du jour.* Si vous êtes sur le sentier des justes, c'est un itinéraire et la lumière devient plus brillante chaque jour. Vous devriez vous arrêter de temps en temps pour inspecter votre état spirituel. La lumière est-elle plus brillante aujourd'hui qu'hier? Rayonne-t-elle plus maintenant qu'au même moment il y a un an? Si ce n'est pas le cas, vous êtes en danger spirituel. Vous feriez mieux de vous arrêter à analyser les choses afin de trouver l'endroit où vous avez quitté le chemin et duquel Dieu était absent.

La seule base de la foi est la parole de Dieu

La quatrième chose que nous devons voir à propos de la foi est que celle-ci n'a qu'une seule fondation. Elle est fondée uniquement et exclusivement sur la Bible, la parole de Dieu. Hébreux 11:1 nous dit: *Or la foi est une ferme assurance des choses qu'on espère, une démonstration de celles qu'on ne voit pas.* Pendant mes longues années d'enseignement, j'ai souvent signalé que le concept biblique de la *foi* (la croyance, la conviction absolue de la vérité de la parole de Dieu) et *l'espérance* (l'expectative confiante d'un bon avenir) étaient des choses tout à fait distinctes.

La grande majorité des chrétiens qui recherchent la guérison ne le font qu'en espérance, sans y adjoindre la foi, c'est pourquoi ils ne la reçoivent pas. En d'autres termes, il se peut qu'ils veuillent la recevoir, mais ils n'ont pas fondé leur demande sur la base et les qualifications requises pour la guérison, qui nous sont données dans la parole de Dieu. Je me dois d'être d'une franchise un peu brutale à ce propos. Ils recherchent la guérison sur la base de l'espérance mais ils oublient la condition préalable de la foi. Il se peut qu'ils ne connaissent même pas la différence entre les deux. Cependant, encore une fois, ce que Dieu a promis à la foi il ne l'a pas promis à l'espérance sans la foi. Examinons donc de plus près les différences de base entre la foi et l'espérance.

Comment peut-on comprendre plus pleinement les différences cruciales entre la foi et l'espérance? Tout d'abord, Thessaloniciens 5:8 parle de: *revêtir la cuirasse de la foi et de l'amour* [ce qui indique le domaine du cœur], *et d'avoir pour casque l'espérance du salut* [ce qui indique le domaine de la pensée].

Les différences cruciales entre la foi et l'espérance

Tout d'abord, donc, la foi se situe au niveau du cœur, alors que l'espérance se situe dans la pensée. Deuxièmement, la foi fait partie du moment présent et non du futur. D'un autre côté, l'espérance est tournée vers le futur, il s'agit d'être confiant pour quelque chose qui va se passer. Comme l'a écrit Paul, *Or, l'espérance qu'on voit n'est plus espérance: ce qu'on voit, peut-on l'espérer encore? Mais si nous espérons ce que nous ne voyons pas, nous l'attendons avec persévérance.* (Romains 8:24–25).

La foi et l'espérance sont toutes deux valables et nécessaires dans la vie chrétienne. Paul écrit: *Maintenant donc ces trois choses demeurent: la foi, l'espérance, l'amour* (1 Corinthiens 13:13). Puis il conclut: *la plus grande de ces choses, c'est l'amour* (verset 13). Mais vous remarquerez que la foi et l'espérance sont deux choses tout à fait distinctes.

La foi est la substance, ici et maintenant dans votre cœur, des choses que vous espérez pour l'avenir. C'est une sûre persuasion et une inaltérable conviction de la réalité des choses que l'on ne voit pas et ces choses représentent ce que Dieu dit dans sa Parole. Jésus dit,

> *Ayez foi en Dieu. Je vous le dis en vérité, si quelqu'un dit à cette montagne: Ote-toi de là et jette-toi dans la mer, et s'il ne doute point en son cœur, mais croit que ce qu'il dit arrive, il le verra s'accomplir. C'est pourquoi je vous dis: Tout ce que vous demanderez en priant, croyez que vous l'avez reçu, et vous le verrez s'accomplir.* (Marc 11:22–24)

Avoir foi en ce que Dieu dit dans sa Parole est l'unique réponse qu'il peut accepter. Hébreux 11:3 dit: *C'est par la foi que nous reconnaissons que le monde* [l'univers] *a été formé* [amené à l'existence, structuré, construit] *par la parole de Dieu, en sorte que ce qu'on voit n'a pas été fait de choses visibles.* En d'autres termes, derrière toute vie physique et matérielle (tout ce que nous connaissons du monde naturel) se trouve l'invisible, éternelle et invariable réalité de la parole de Dieu.

Il est assez intéressant de noter que la physique moderne est foncièrement en accord avec cette conclusion. Dans sa sphère particulière et dans sa propre terminologie, elle dirait que "les choses visibles [comme votre chaise ou votre corps] ne sont pas faites de choses visibles". La matière est faite d'éléments invisibles à l'œil nu, de minuscules petits atomes, se déplaçant à une vitesse incroyable, séparés entre eux par des espaces relativement immenses et uniquement descriptibles en termes d'équations mathématiques. Les éléments de base de ce qui compose la réalité ne peuvent être vus.

Nous exerçons la foi dans un certain nombre de domaines. Il se peut que vous ayez foi en votre docteur ou en un politicien particulier. Vous avez foi en la société qui gère les autoroutes. Par exemple, lorsque vous conduisez, vous ne vous arrêtez pas à chaque fois que vous êtes au sommet d'une colline pour voir si la route continue de l'autre côté. Vous avez une foi absolue en ce que la société des autoroutes aura fait en sorte que la route ne s'arrête pas brusquement. Cette foi est parfaitement valable dans ce domaine.

Cependant, dans la Bible, le concept de foi se réfère toujours à la foi en Dieu et en sa Parole. En outre, vous ne pouvez *recevoir* cette foi sur aucune autre base, ni par aucune autre source ni aucun autre moyen que celui se sa Parole. Romains 10:17 dit: *Ainsi la foi vient de ce qu'on entend, et ce qu'on entend vient de la parole de Christ.* Si vous entendez, si vous écoutez avec une parfaite attention, si vous concentrez toute votre pensée et si vous vous ouvrez entièrement à la parole de Dieu, la foi viendra! C'est une bonne nouvelle. La foi vient!

La foi vient!

Dans le chapitre précédent, j'ai mentionné avoir passé une année à l'hôpital en Egypte en 1942-43 à cause d'une maladie chronique de la peau que les médecins n'arrivait pas à soigner. Après avoir passé des mois allongé sur un lit d'hôpital, j'ai réalisé que si j'avais la foi, Dieu pouvait me guérir. Par contre, j'ai éprouvé une grosse déception en constatant que je ne l'avais pas. Comment pouvais-je y remédier? Je peux vous dire que je sais à quoi ressemble "le tréfonds du désespoir" tel que le décrit John Bunyan dans le *Voyage du Pèlerin*, l'obscure et solitaire vallée du désespoir. Je me suis retrouvé dans mon propre tréfonds du désespoir pendant des semaines et des mois. Puis un jour, un rayon de lumière a fait irruption dans cette obscurité et m'a montré comment en sortir. C'était Romains 10:17: *Ainsi la foi vient*. Je me suis rendu compte que si je n'avais pas la foi, je pouvais l'obtenir. Et je l'ai obtenue. Peu importe le lieu où vous vous trouvez ou votre situation à l'heure où vous lisez ce livre, si vous voulez la foi, si vous êtes déterminés à la recevoir, si vous remplissez les conditions de Dieu et si vous la recherchez désespérément, vous pouvez l'obtenir.

Le besoin d'être désespéré

Nous ne sommes pas assez désespérés dans l'Eglise de nos jours. David Wilkerson, fondateur de Teen Challenge, a dit à beaucoup de drogués envers qui il a exercé son ministère: "vous pouvez être délivrés si vous êtes désespérés." Ceci est valable pour tous les domaines de la délivrance. C'est valable pour toute personne en besoin de délivrance que ce soit de la crainte, de la dépression, de la haine ou du ressentiment. Quelle que soit l'oppression, si vous êtes désespérés, vous pouvez en être délivrés.

Un jour, j'ai eu pitié d'une femme lors d'un service de délivrance à Arlington, en Virginie. Je l'ai aperçue debout sur le côté, l'air vraiment malheureux. En fait, elle avait l'air perdue. Je me suis donc dirigé vers elle et lui ai dit: "puis-je vous aider?" Elle a répondu: "oh

oui, mon cœur est rempli de ressentiment, de désespoir et de haine."
J'ai commencé à prier pour elle et j'ai vraiment fait de mon mieux. J'ai prié de toutes mes forces mais aucune réponse ne venait. Je lui ai dit alors: "Ecoutez-moi, le problème c'est que vous attendez de moi que je sois désespéré à votre place, et ça, je ne peux pas le faire." Au bout d'un moment, elle a répondu: "Le problème c'est ma dignité", ce à quoi j'ai répliqué: "C'est bien ce que je pense depuis le début". Puis, j'ai continué: "Lorsque vous vous serez décidée à ce sujet, je reviendrai et je prierai pour vous". Autant que je sache, elle ne s'est pas décidée à résoudre son problème de dignité, elle ne m'a pas demandé non plus de revenir prier pour elle. Elle n'avait pas le désespoir nécessaire.

Un exemple de grande foi désespérée

Pensez à l'incident en Matthieu 15, lorsque la femme syrophénicienne est venue à Jésus pour la délivrance de sa fille qui était sous l'emprise et le tourment d'un esprit mauvais. Cette femme n'était pas Israélite. Ce qui signifiait qu'elle n'avait aucune relation d'alliance avec Dieu. Elle n'avait aucun droit pour demander quoi que ce soit à Jésus. Il faut bien comprendre cela pour appréhender le contexte de sa conversation avec lui. Elle était en dehors de l'alliance de Dieu et donc impure. De plus, Jésus a utilisé un langage peu flatteur à son encontre. Il a dit: *Il n'est pas bien de prendre le pain des enfants, et de le jeter aux petits chiens.* (Matthieu 15:26).

Elle savait parfaitement ce dont il la traitait. Si traiter quelqu'un de chien est insultant dans le monde occidental, c'est dix fois pire au Moyen-Orient, parce que les chiens n'y jouissent pas de la même considération. Elle n'a pas discuté et lui a fait une incroyable réponse: "Oui, Seigneur, je ne discuterai pas sur ce point, *mais les petits chiens mangent les miettes qui tombent de la table de leurs maîtres*" (verset 27). Et Jésus a répondu, *Femme, ta foi est grande; qu'il te soit fait comme tu veux* (verset 28).

A mon avis, aucun roi, aucun empereur ni aucun président n'a jamais épinglé de médaille sur une poitrine qui ait plus de valeur que la réponse que Jésus lui a faite. *Femme, ta foi est grande; qu'il te soit fait comme tu veux.* Il lui disait en fait: *Je t'en prie, sers-toi, c'est à toi.*

Avez-vous remarqué ce qu'a dit Jésus à propos de la guérison? Il s'est référé au *pain des enfants*. En d'autres termes, il appartient aux enfants de Dieu. Il s'agit de leur simple aliment de base, placé sur la table chaque jour. Il a continué néanmoins en disant: *il n'est pas juste de prendre ce pain et de le jeter aux chiens.* Elle a répondu: "Seigneur, je n'ai pas besoin d'un pain, ni même d'une tranche. Tout ce dont j'ai besoin c'est d'une miette. Ce sera bien suffisant pour la guérison de ma fille." Il n'est pas étonnant que Jésus ait répondu *Femme, ta foi est grande!* N'aspireriez-vous pas à avoir une foi comme la sienne?

Une grande foi et une grande humilité sont des choses qui vont de pair

Examinons un autre aspect de la foi pour la guérison. Dans le Nouveau Testament, nous trouvons deux personnes que Jésus a louées pour leur grande foi. Toutes deux étaient païennes. L'une d'elles était la femme syro-phénicienne et l'autre un centurion romain, de qui Jésus a dit: *Je vous le dis en vérité, même en Israël je n'ai pas trouvé une aussi grande foi!* (Matthieu 8:10).

En dehors de la foi, ces deux personnes avaient au moins une autre caractéristique en commun: l'humilité. Le centurion a dit: *Seigneur, je ne suis pas digne que tu entres sous mon toit* (Matthieu 8:8). Le femme syro-phénicienne a dit en effet: "Seigneur, je ne suis qu'un chien mais tout ce dont j'ai besoin c'est d'une miette." Grande foi et grande humilité vont de pair. La Bible dit que *se glorifier ... est exclu* (Romains 3:27). Par quelle loi est-ce exclu? *La loi de la foi* (verset 27). Mon expérience m'a appris que les gens qui se glorifient d'avoir une grande foi en fait ne l'ont pas. Et ils n'obtiennent pas ce pour quoi ils disent avoir la foi. Cependant, le Seigneur rencontre ceux qui viennent à lui dans l'humilité.

L'obscurité dissipée par la lumière

L'une des exigences que Dieu a vis-à-vis de vous est d'avoir un cœur simple et uni, en ayant un 'œil simple'. Jésus a dit: *Si donc ton oeil est simple, ton corps tout entier sera plein de lumière* (Matthieu 6:22, Darby), sans laisser aucune place à l'obscurité. Il n'y a pas de place pour la maladie dans votre corps si celui-ci est rempli de lumière.

La maladie est une œuvre des ténèbres. La riposte scripturaire à cette œuvre est contenue dans ce verset: *Mais pour vous qui craignez mon nom, se lèvera le soleil de la justice, et la guérison sera sous ses ailes* (Malachie 4:2). Comme je l'ai écrit dans le premier chapitre, le soleil de justice c'est Jésus-Christ, ressuscité des morts.

Vous souvenez-vous des propriétés du soleil naturel et du soleil spirituel dont nous avons parlé? Dans le domaine naturel, le soleil est l'unique source de lumière et de chaleur pour ce qui concerne notre partie de l'univers. De manière similaire, Jésus-Christ, en tant que soleil de justice, est l'unique source de lumière spirituelle véritable. Il a dit: *Je suis la lumière du monde* (Jean 8:12). Que produit sa lumière? La justice et la guérison. *Le soleil de justice ... la guérison sera sous ses ailes.*

Quel est l'opposé de la lumière? L'obscurité. Quels sont les opposés de la justice et de la guérison? Le péché et la maladie. Quelles sont les œuvres des ténèbres? Le péché et la maladie. Soyons clair! Il est insensé de rechercher la guérison d'une maladie si vous pensez qu'elle est une bénédiction que Dieu a placée sur vous. Ne demandez pas la prière pour la guérison avec cette attitude. Pour quelle raison voudrait-on vous débarrasser d'une bénédiction que vous avez reçue de Dieu? Vous ne voudriez pas que l'on combatte Dieu pour vous, non? Si c'est une bénédiction, cultivez-la et ne la lâchez pas, mais soyez cohérents. Ne l'appelez pas une bénédiction à l'église tout en vous rendant chez le docteur le lundi matin pour lui demander de vous enlever votre 'bénédiction'. Cela n'a tout simplement aucun sens. Soyez honnêtes. Faites face à l'évidence. La foi est basée sur la parole écrite de Dieu, la Bible. C'est sa seule base.

Permettez-moi de vous dire une chose à propos des médecins. Je remercie Dieu pour eux. Je n'ai aucune opposition à la science médicale. Je dis que nous et les médecins, nous combattons la misère humaine, la douleur et la maladie ainsi que différentes puissances qui détruisent et qui tuent, alors faisons front ensemble.

Vous n'êtes pas sous la loi et donc, vous êtes parfaitement libres en tant que chrétiens de prendre ce que la science médicale met à votre disposition à n'importe quel moment. La guérison divine n'est pas la loi, c'est la grâce, un don librement accordé par Dieu au travers de notre foi. Beaucoup de gens sont venus me voir parfois en disant: "Eh bien, je ne vais pas allez voir le docteur." Ma réponse à cela est: "Cela ne prouve pas que vous avez la foi, parce que la foi est positive et ne pas allez chez le médecin est négatif." Je connais de nombreuses personnes qui ne sont pas allées chez le médecin et qui sont mortes. Et, je dois confesser que je connais de nombreuses personnes qui sont allées voir le médecin et qui sont mortes également. Mais la foi n'est pas représentée par ce que vous *ne* faites *pas*. La foi est positive. La foi c'est écouter ce que Dieu dit dans sa Parole sur le sujet que vous avez besoin d'entendre et d'agir en conséquence.

Une expérience de foi

Je voudrais que vous me suiviez dans une expérience qui va vous aider à comprendre la réalité de la parole invisible de Dieu par rapport à la guérison. Nous devons savoir que notre foi n'est pas basée sur des circonstances, des émotions ou des symptômes. Elle doit être simplement et uniquement basée sur la parole écrite de Dieu, perçue sans utiliser vos sens naturels. Il est probable que vous sachiez parfaitement à quoi ressemble ce type de foi et que vous l'ayez expérimentée. Mais je vous prierais de me suivre dans cette expérience malgré tout.

Veuillez répondre à la question suivante en ayant à l'esprit que je ne vous demande pas de la vantardise mais de l'honnêteté. Etes-vous sûrs, sans l'ombre d'un doute ni d'une hésitation, que tous vos péchés ont été pardonnés? Etes-vous sûrs que Dieu ne compte ni ne retient plus aucun péché contre vous? Si vous avez cette assurance, veuillez dire à voix haute:"oui j'en suis sûr". Si telle a été votre réponse, vous pouvez remercier Dieu. Mais ne soyez ni déconcertés ni embarrassés si vous ne l'avez pas fait. Si vous désirez vraiment avoir cette assurance, vous pouvez l'obtenir avant d'avoir fini ce chapitre. Je souhaiterais cependant vous conseiller de ne pas fermer ce livre avant de l'avoir obtenue. Qui sait si vous reviendrez un jour sur le sujet ou si vous reverrez l'aube d'un nouveau jour?

Voici ma question pour ceux qui ont répondu oui: "Comment le savez-vous? Quelle preuve en avez-vous?" Si vous répondez: "la parole de Dieu", vous avez parfaitement raison. Une dizaine de prédicateurs pourraient venir en discuter avec vous, vous ne changeriez pas d'opinion. Un psychiatre ou un psychanalyste ou des gens de toutes sortes pourraient apporter leurs arguments les plus intelligents pour vous contrer, vous ne bougeriez pas. Savez-vous pourquoi? Parce qu'en ce qui concerne votre foi en Christ et en son pardon, vous avez la foi du cœur.

27

Vous *n'essayez* pas de penser que vous êtes pardonnés. Vous *n'essayez* pas de vous en convaincre. Votre esprit n'entretient aucune discussion à ce sujet. A la vérité, par la foi de votre cœur, cette affaire est réglée pour vous. Le psalmiste a dit: *A toujours, ô Eternel! Ta parole subsiste dans les cieux* (Psaume 119:89). La foi du cœur s'approprie une parole qui est établie dans les cieux. Pour vous, l'affaire est entendue, point à la ligne. Il n'y a là aucun mystère.

Dieu le dit dans sa Parole et c'est ce qui règle l'affaire!

Quel était le but de cet exercice? C'était de vous montrer qu'exactement le même type de foi est nécessaire à toute transaction avec le Seigneur (pas seulement pour le pardon des péchés mais aussi pour la guérison des maladies). Il n'y a réellement qu'un seul type de foi acceptable pour Dieu. Tout ce que vous avez à faire pour l'exercer, c'est de souscrire sans réserve au fait que ce que Dieu dit dans sa Parole est vrai.

Voyez-vous le rapport? Vous croyez qu'il est possible de savoir que vos péchés sont pardonnés. Si vous demandiez à quelqu'un de faire la même expérience, c'est parce que vous savez avec certitude que vos péchés sont pardonnés que vous l'encourageriez à ne pas se fier à ses sentiments. N'est-ce pas? Vous diriez: "Ne base pas ta croyance sur tes sentiments. Dieu le dit, tu le crois et l'affaire est scellée."

Précisément, il en va de même pour tous les domaines de la foi. Vous n'avez pas la foi parce que vous la ressentez. Vous l'avez parce Dieu dit quelque chose et que vous le croyiez. Par conséquent, vous savez ce que signifie de croire avec le cœur. Mais le problème avec la guérison physique c'est que la plupart de gens y croient que lorsqu'ils la voient manifestée dans leur corps. Vous conseilleriez à quelqu'un d'éviter cela dans le domaine du pardon des péchés et il en va de même pour le domaine de la guérison physique. Les principes de la guérison physique ont exactement la même base que ceux du renouvellement spirituel. Et il ne s'agit pas d'autre chose que ce que Dieu dit dans sa Parole.

Il se peut que je vive une guérison miraculeuse, et je peux vous en raconter quelques unes, mais ce cela ne vous donnerait pas la moindre raison de croire que Dieu vous guérirait. Si tout ce que j'ai à vous offrir est ma propre expérience, ce n'est pas sur elle que vous baseriez votre propre croyance. La seule base est ce que Dieu dit dans sa Parole. Cette base de foi est le fondement dont nous avons besoin pour la guérison.

Agir en conséquence des promesses de Dieu

Lorsque j'étais à l'hôpital pendant une année complète, J'ai fini par me tourner vers la parole de Dieu et j'y ai lu que je pouvais réclamer la guérison par la foi en la parole écrite de Dieu. J'ai réalisé que cela faisait partie de mon héritage en tant qu'enfant de Dieu, et j'ai agi sur ce principe. J'ai particulièrement pris acte de la promesse de Dieu en Proverbes 4:20–22:

> *Mon fils, sois attentif à mes paroles, incline ton oreille à mes discours. Qu'ils ne s'éloignent point de tes yeux ; garde-les au dedans de ton coeur; car ils sont la vie de ceux qui les trouvent, et la santé de toute leur chair.* (Darby)

Le "flacon de médicament" de Dieu

Dans le passage ci-dessus, Dieu notre Père nous parle comme à ses enfants. Il dit "Mon enfant, si tu prends ma parole et mes préceptes de la bonne manière, alors ils représentent la santé pour toi et pour toute ta chair." Si vous avez la santé dans toute votre chair, vous ne pouvez abriter aucune maladie. C'est ce à quoi Dieu pourvoit fondamentalement.

J'ai appris à considérer Proverbes 4:20–22 comme "le flacon de médicament de Dieu."[*] La guérison est garantie par le Dieu tout puissant. Les quatre indications prescrites se trouvent sur la bouteille:

1. Soyez attentif.

2. Incline ton oreille aux discours de Dieu.

3. Qu'ils ne s'éloignent pas de vos yeux.

4. Gardez-les au dedans de votre cœur.

Sois attentif aux paroles de Dieu

Voir la première prescription: *Sois attentif à mes paroles* (Proverbes 4:20). Lorsque Dieu nous parle, nous devons lui prêter une attention exclusive et respectueuse. Tout au long de la Bible nous

---

[*] Une brochure de Derek Prince ayant ce titre est disponible, n.d.t..

voyons que la première clef pour recevoir la guérison de Dieu est de l'écouter. C'est ce que l'on écoute qui est important et comment on l'écoute. Ecoutez-vous exclusivement la parole de Dieu lorsque vous recherchez la guérison? Ou, vos oreilles sont-elles ailleurs?

Il est important de savoir ce que l'on écoute et comment on l'écoute. Prêter attention à la parole de Dieu n'est pas seulement la clef de la guérison mais c'est aussi celle de la foi. Bien entendu, ces deux choses sont intimement liées car c'est la foi qui nous rend capable de recevoir la guérison que Dieu donne et d'obtenir les bénéfices du médicament. Encore une fois, Romains 10:17 dit: *Ainsi la foi vient de ce qu'on entend, et ce qu'on entend vient de la parole de Christ.* En un sens, tout dépend de notre façon d'aborder la parole de Dieu. Beaucoup de gens lisent la parole de Dieu mais n'entendent jamais Dieu parce que leur esprit est ailleurs. Nous devons nous mettre en condition, spirituellement et mentalement afin d'être capables d'entendre ce que Dieu est en train de dire.

Incline ton oreille aux discours de Dieu

Voilà la seconde prescription: *Incline ton oreille aux discours de Dieu.* Le verbe *incliner* signifie se pencher et le mot *inclinaison* se réfère à une chose penchée. Ainsi, incliner votre oreille signifie pencher votre oreille. Physiquement, vous ne pouvez pas pencher votre oreille sans pencher votre tête, c'est donc ce que vous faites. Quelle en est la signification? Cela démontre une attitude d'humilité et de vouloir être enseigné.

Dieu ne travaille en nous qu'à la mesure de notre réceptivité. Si nous ne le recevons pas, cela ne nous fait pas de bien. Jacques écrit: *Ainsi, que tout homme soit prompt à écouter, lent à parler, lent à se mettre en colère;... recevez avec douceur la parole qui a été plantée en vous, et qui peut sauver vos âmes* (Jacques 1:19, 21).

La parole de Dieu peut vous sauver, vous guérir et vous bénir d'innombrables façons mais uniquement si vous la recevez avec douceur, ou avec une attitude humble, comme nous l'avons vue chez la femme syro-phénicienne et le centurion romain. Une condition essentielle pour recevoir la guérison au travers de la parole de Dieu est de lâcher nos idées préconçues et nos préjugés, d'ouvrir nos oreilles et d'écouter attentivement ce que Dieu dit, sans rejeter ce qui n'est pas conforme à ce que nous pensions qu'il aurait dû dire. Nous venons à Dieu en disant: "Seigneur, tu es le professeur, je suis l'élève. Je veux te laisser m'enseigner. Je penche mon oreille et je t'écoute."

Ne laissez pas les paroles de Dieu s'éloigner de vos yeux

Voici la troisième prescription: *Qu'ils ne s'éloignent pas de tes yeux* (Proverbes 4:21). L'idée principale de cette prescription peut être synthétisée dans le mot *convergence*. En ce qui concerne la vue naturelle, une mauvaise convergence donne une vision floue et je pense que c'est là le problème de vue spirituelle de beaucoup de gens. Si nous ne pouvons pas faire converger nos yeux spirituels, nous aurons toujours une vision floue de la réalité spirituelle.

Jésus a dit: *Ton œil est la lampe de ton corps. Lorsque ton œil est en bon état, tout ton corps est éclairé; mais lorsque ton œil est en mauvais état, ton corps est dans les ténèbres.* (Luc 11:34). Le terme grec traduit par "en bon état" a plusieurs significations. L'une des principales significations est "simple" ou "sincère" (voir la traduction Darby, n.d.t.) et je pense que cela en fait ressortir le sens. Je pense que les barrières à la simplicité et à la sincérité sont la sophistication et la rationalisation. Il nous faut lire la Bible d'un œil simple qui affirme "c'est ce que dit Dieu, c'est vraiment ce qu'il veut dire et je le crois de la façon dont c'est écrit."

Paul écrit: *Car la folie de Dieu est plus sage que les hommes, et la faiblesse de Dieu est plus forte que les hommes* (1 Corinthiens 1:25), et *Que nul ne s'abuse lui-même: si quelqu'un parmi vous pense être sage selon ce siècle, qu'il devienne fou, afin de devenir sage* (1 Corinthiens 3:18). Entre nous et la sagesse de Dieu, se trouve une vallée, un lieu d'humilité. Il faut nous défaire de notre sagesse selon les critères du monde. Nous devons devenir fous aux yeux du monde afin de pouvoir réellement entrer dans la sagesse de Dieu.

Gardez la parole de Dieu dans le fond de votre cœur

Voici la quatrième prescription: *Garde-les dans le fond de ton cœur* (Proverbes 4:21). Le but de prêter attention aux paroles de Dieu, d'incliner notre oreille à ses discours et de ne pas les laisser s'éloigner de nos yeux c'est de faire en sorte qu'ils atteignent cet endroit vital et central de la personne humaine que la Bible appelle le cœur. Lorsqu'ils arrivent au cœur, ils produisent ce qui est promis. Mais s'ils ne l'atteignent pas, ils ne donneront aucun résultat.

Dans le monde naturel, pour qu'un médicament soit efficace, il faut qu'il passe par la circulation sanguine sinon il n'aura pas l'effet escompté. Spirituellement, le médicament de Dieu n'est efficace que lorsqu'il est passé par notre cœur afin de pouvoir toucher ensuite tous les domaines de notre vie. Proverbes 4:23 dit: *Garde ton cœur plus que toute autre chose, car de lui viennent les sources de la vie.*

Ce que vous avez dans le cœur déterminera le cours de votre vie. Si vous y abritez les bonnes choses, votre vie sera droite. Si vous y abritez les mauvaises, votre vie sera tordue. Gardez la parole de Dieu dans le fond de votre cœur, pas seulement en périphérie, au plus profond. Gardez-la au centre de votre vie entière et de votre personnalité parce qu'elle affectera toute votre manière de vivre.

Prenez le médicament prescrit de la parole de Dieu

Voilà les quatre prescriptions. Si vous prenez la parole de Dieu selon ces directives, il vous garantit la santé. *Car c'est la vie pour ceux qui les trouvent, C'est la santé pour tout leur corps.* (Proverbes 4:22).

Je le répète, les directives sont les suivantes:

1. Prêter attention.

2. Incliner l'oreille aux paroles de Dieu.

3. Ne pas les laisser s'éloigner de nos yeux.

4. Les garder au fond de notre cœur.

La santé promise en Proverbes 4 est la provision de base de Dieu, mais vous devez la recevoir personnellement. Je laisse simplement ce principe à votre réflexion. Il vous appartient de décider si vous allez prendre le médicament prescrit ou non. Votre guérison pourrait avoir lieu immédiatement ou bien elle pourrait prendre des semaines voire des mois. Mais si vous êtes fidèles dans la prise de ce médicament, Dieu a donné sa Parole de vous rétablir.

Chapitre 4

La guérison et la croix

Exode 15:23-26 contient une image parfaite de la guérison de Dieu:

Ils arrivèrent à Mara; mais ils ne purent pas boire l'eau de Mara parce qu'elle était amère. C'est pourquoi ce lieu fut appelé Mara. Le peuple murmura contre Moïse, en disant: Que boirons-nous? Moïse cria à l'Eternel; et l'Eternel lui indiqua un bois, qu'il jeta dans l'eau. Et l'eau devint douce. Ce fut là que l'Eternel donna au peuple des lois et des ordonnances, et ce fut là qu'il le mit à l'épreuve. Il dit: "Si tu écoutes attentivement la voix de l'Eternel, ton Dieu, si tu fais ce qui est droit à ses yeux, si tu prêtes l'oreille à ses commandements, et si tu observes toutes ses lois, je ne te frapperai d'aucune des maladies dont j'ai frappé les Egyptiens; car je suis l'Eternel, qui te guérit.

Cette portion de l'Ecriture est l'un des grands passages fondamentaux sur le sujet de la guérison. Je voudrais faire ressortir certaines des vérités qui s'en dégagent:

Facettes de l'image donnée

Dieu nous dit ce que nous avons besoin de savoir

Tout d'abord, la Bible ne nous dit pas pourquoi les eaux de Mara étaient amères. L'aviez-vous déjà remarqué? Nous pouvons nous amuser à spéculer ou à émettre des théories sur l'origine de leur amertume mais nous ne la connaîtrons pas réellement. Toutefois, la Bible nous dit comment elles sont redevenues douces.

La Bible est un livre ultra pratique. Dans la vie nous faisons face à beaucoup de situations que les Ecritures ne nous expliquent pas, cependant elles nous disent ce que nous devons savoir. Il peut y avoir des choses que l'on ne comprend pas et que l'on ne comprendra peut-être jamais complètement. Par exemple, certaines personnes m'ont demandé: "d'où viennent les démons?" ce à quoi j'ai répliqué: "vous pouvez en avoir une idée et je peux en avoir une autre. L'important n'est pas de savoir d'où ils viennent mais de savoir comment s'en débarrasser. Et, la Bible nous informe clairement à ce propos."

Encore une fois, La Bible contient de nombreuses questions au sujet desquelles l'esprit naturel voudrait spéculer mais qui ne sont pas révélées. Seules les choses révélées sont celles que nous devons connaître. *"Les choses cachées sont à l'Eternel, notre Dieu; les choses révélées sont à nous et à nos enfants, à perpétuité, afin que nous mettions en pratique toutes les paroles de cette loi."* (Deutéronome 29:29). Elles sont révélées afin que nous puissions agir en conséquence. Il se peut que Dieu ne vous explique pas la raison exacte de chaque problème, souffrance, besoin ou situation difficile qui surgissent dans votre vie, mais il vous en donne la solution. Voici une chose que vous devez savoir.

L'épreuve est une occasion de recevoir plus de révélation

Deuxièmement, vous remarquerez que l'épreuve est une occasion pour recevoir plus de révélation. Lorsque les Israélites sont arrivés aux eaux amères et n'ont pas pu en boire, Dieu a choisi ce moment pour leur révéler un nouvel aspect de sa personne. Il en va de même pour nous. Lorsque vous arrivez à un moment d'épreuve (un problème, une difficulté, une souffrance) vous pouvez réagir de deux manières. Vous pouvez rétrograder et rater la leçon ou vous pouvez avancer et permettre que la situation soit utilisée par Dieu pour vous donner une plus grande révélation de lui-même.

Dieu a délibérément permis que les Israélites arrivent à cet endroit alors qu'ils étaient désespérément assoiffés. Lorsqu'ils sont arrivés à l'eau, elle était amère et ils n'ont pas pu la boire. Mais Dieu les avait amenés là pour leur montrer une chose à propos de lui qu'ils avaient besoin de connaître. Quoiqu'il arrive dans votre vie, je vous conseille d'être humble, sincère et de vous adresser au Seigneur dans la droiture et dans la vérité, en regardant à lui avec une foi simple. Le Seigneur utilisera chaque problème, chaque difficulté, besoin, maladie ou situation difficile pour nous montrer plus de sa grandeur qu'auparavant. La foi surmonte les obstacles. C'est en triomphant des difficultés qu'il fait croître notre foi et notre caractère spirituel. Il n'y a pas d'autre manière pour édifier notre caractère.

Les eaux étaient amères. Quelle était la solution? Où était la révélation de Dieu? Permettez-moi vous l'exprimer simplement. Il s'est révélé comme étant celui qui guérit. Et il a révélé à Moïse la source de *toute* guérison. Tout d'abord, il a dit: *Je suis l'Eternel qui te guérit*. Le mot en Hébreu pour "qui te guérit" est *rapha*. Cela ressemble au mot hébreu pour docteur *rofe*. Nous pourrions légitimement le traduire par "je suis l'Eternel ton docteur". Pour illustrer ceci, il existe en Israël un journal moderne et très spécialisé, appelé *Harofe Harivi*, qui signifie "Le docteur hébreu." Le mot *rofe* est exactement le même et n'a absolument pas changé depuis l'époque de Moïse, quinze siècle avant Jésus-Christ, à nos jours.

Dans tout expérience spirituelle où nous recevons le don de Dieu, il faut toujours regarder au-delà du don, à celui qui donne. A Mara, le don était le bois. Le Seigneur n'a pas seulement donné à Israël la révélation de l'arbre. Celle-ci les a menés à la révélation du Seigneur en tant que leur guérisseur.

Dieu n'a jamais eu l'intention de s'arrêter à une simple expérience, doctrine ou révélation. Nous pouvons remercier le Seigneur pour chaque chose que nous recevons mais nous ne pouvons pas nous reposer sur elles. Chacune d'entre elles est, en un sens, quelque peu impersonnelle et temporaire. Ce dont nous avons réellement besoin, c'est d'une personne. Et toute doctrine ou révélation véritable que nous recevons finit par nous conduire à la personne de Dieu lui-même. Peu importe à quel point l'expérience peut être bénie, elle nous fait toujours avancer dans la révélation du Seigneur lui-même.

Les Israélites n'avaient pas demandé cette révélation du Seigneur en tant que leur guérisseur, Dieu la leur a offerte. Ce que Dieu a dit, à ce moment-là, du fait qu'il était "Jéhovah ton docteur", est aussi vrai pour vous et moi, aujourd'hui. Dieu n'a pas changé. En Malachie 3:6, presque à la fin de l'Ancien Testament, il dit: *Car je suis l'Eternel [Jéhovah], je ne change pas.* Hébreux 13:8, dans le Nouveau Testament, proclame: *Jésus-Christ est le même hier, aujourd'hui et éternellement.* Le même Jéhovah qui était le docteur de son peuple à l'époque l'est toujours aujourd'hui. C'est un fait. Il s'agit de sa volonté, peu importe la nôtre.

Aussi vrai que Jésus est votre sauveur, il est votre docteur. Nous devons comprendre ce principe: il est le docteur Jéhovah.

Le bois de l'assainissement

L'incident de Mara a eu lieu peu après que les Israélites aient été miraculeusement délivrés de leur esclavage en Egypte et qu'ils soient passés à sec au travers des eaux de la Mer Rouge. Suite à cela, les Egyptiens avaient été emportés par les eaux que Dieu avait ramenées à leur place, engloutissant ainsi tout le contingent des ennemis qui poursuivaient son peuple.

Ce fut un immense triomphe. Les Israélites avaient vécu une délivrance glorieuse. Ils exultaient et avaient le sentiment que tout était sous le contrôle de Dieu. Puis, ils avaient été conduits par Moïse dans le désert de Shur, où ils avaient marché pendant trois jours sans trouver d'eau. Bien entendu ils en avaient un stock d'urgence dans leurs outres mais ils ont dû arriver à épuisement, les enfants et le bétail ont dû commencer à avoir soif et ils étaient tous fatigués du voyage dans la poussière et la chaleur. Tout à coup, ils ont aperçu au loin l'éclat d'un point d'eau. Je suis sûr que quelques uns d'entre eux ont commencé à courir pour aller étancher leur soif. Mais, oh! Quelle amère déception lorsqu'ils se sont penchés pour boire!

Les Israélites ont commencé à se plaindre et à murmurer contre Moïse. Réfléchissez au bruit suscité par tous ces gens en train de se plaindre et de murmurer tous ensemble! Pourtant, au milieu de tous ces murmures, un homme, Moïse, eut le bon sens de prier. Et il obtint une réponse. Permettez-moi de vous dire que lorsque vous faites face à une difficulté, vous pouvez soit murmurer, soit prier. Si vous murmurez, c'est votre choix, mais ça ne fera pas avancer les choses. Si vous priez, le Seigneur vous montrera la réponse.

La clé qui libère la puissance

Pendant que les Israélites avaient choisi de se plaindre des eaux amères qu'ils avaient trouvées à Mara, Moïse a prié et en réponse le Seigneur lui a montré un morceau de bois. Lorsqu'il l'a plongé dans les eaux amères, celles-ci sont devenues douces. Il s'agit du bois de l'assainissement.

Les Ecritures ne disent pas que l'arbre a adouci les eaux. En fait, je ne pense pas que ce soit le cas. Je pense que l'assainissement s'est fait par la puissance surnaturelle de Dieu. Mais l'acte de foi de Moïse plongeant le bois a libéré cette puissance. Ceci est un principe important en ce qui concerne Dieu. Lorsque vous désirez que son œuvre miraculeuse s'accomplisse, il faut parfois un acte très simple de votre part. L'acte en lui-même ne génère pas la puissance mais constitue la clé qui la libère.

De simples actes de foi

Le prophète Elisée avait saisi ce principe. Il avait été confronté à une situation similaire à celle des Israélites à Mara. Les eaux de Jéricho étaient insalubres et empêchaient la terre d'être fertile. Lorsque les habitants lui ont demandé d'intervenir, Elisée a pris un bol de sel et l'a versé dans les eaux qui en conséquence sont devenues douces. (voir 2 Rois 2:19–22.) Ce n'est pas le sel qui a rendu les eaux douces mais la puissance miraculeuse de Dieu.

A l'identique, il y avait des coloquintes empoisonnées dans un pot de potage. Elisée a pris de la farine, l'a mise dans le pot et la soupe a été rendue saine. (Voir 2 Rois 4:38–41.) Ce n'est pas la farine qui a rendu le potage sain mais la puissance miraculeuse de Dieu.

Lorsqu'Elisée a voulu ressusciter un garçon de la mort il a demandé à ce que l'on mette son bâton sur le visage de l'enfant (voir 2 Rois 4:8–37.) Ce n'est pas le bâton qui a retenu la puissance de la mort mais la puissance miraculeuse de Dieu!

Examinons deux ordonnances au sujet de la guérison que l'on trouve dans le Nouveau Testament et qui requièrent un simple acte de foi. La première se trouve en Marc 16:17–18: *Voici les miracles qui accompagneront ceux qui auront cru: en mon nom, ils chasseront les démons; ils parleront de nouvelles langues; ils saisiront des serpents; s'ils boivent quelque breuvage mortel, il ne leur feront point de mal; ils imposeront les mains aux malades, et les malades, seront guéris.* Les Ecritures ne disent pas que ce sont nos mains qui guériront les malades. Elles disent que nous devons leur imposer les mains, et ils guériront.

Lors de mon service dans l'armée britannique et à ma sortie de l'hôpital en Egypte, j'ai été transféré au Soudan et j'ai atterri dans un endroit appelé les collines de la Mer Rouge. J'étais le seul caporal dans un petit hôpital militaire britannique d'environ quarante lits. Les uniques patients réguliers étaient des prisonniers de guerre italiens qui avaient déposé les armes en Ethiopie ou en Afrique du Nord. Entre autres responsabilités, je devais superviser l'équipe de travailleurs soudanais chargés de l'entretien de l'hôpital.

Cette région du Soudan était à 100% musulmane. Le gouvernement britannique, qui la régissait à l'époque, n'autorisait aucun missionnaire chrétien à y accéder, pour ne pas exciter la colère des musulmans. Lorsque je me préparais à être transféré, le Seigneur m'a donné le fardeau surnaturel de prier pour le peuple soudanais. Un fardeau de prière est une chose que vous ne pouvez pas comprendre si vous ne l'avez pas expérimentée. Je n'arrivais pas à dormir la nuit parce que je me sentais poussé à prier pour ces gens. Il n'existait aucune affinité qui nous aurait rapprochés de manière naturelle. Dans beaucoup d'aspects ces gens étaient primitifs et très antipathiques. Mais Dieu m'avait donné un immense fardeau de prière avant de me placer au Soudan, à la tête des travailleurs autochtones de l'hôpital.

Mon lien avec ces travailleurs était un Musulman nommé Ali. Je ne pense pas qu'il n'ait jamais fréquenté l'école mais il était très intelligent et un excellent joueur de football. Cependant, c'était aussi un homme très méchant. Il était bagarreur et gros buveur, ce que ne devrait faire aucun Musulman parce qu'ils ne sont pas autorisés à consommer des boissons fortes. Il s'octroyait également un pourcentage de la paye de tous ses employés, en les trompant sur leur salaire.

Malgré cela, Ali était mon seul point de contact avec les Soudanais et je ressentais un fort désir de lui communiquer ce que je connaissais de Jésus-Christ. A cette époque, j'étais relativement jeune chrétien, ayant été sauvé juste avant d'être embarqué pour l'Afrique avec l'armée et n'ayant reçu aucune formation dans une église ou une école biblique. J'ai vécu dans les collines de la Mer Rouge pendant 8 mois mais durant les quatre premiers mois, je n'ai trouvé aucun moyen d'avoir une relation personnelle avec Ali dans le but de lui parler de Jésus.

Ali parlait un anglais qu'il avait appris du personnel militaire britannique mais il s'agissait essentiellement d'un anglais de 'soldats'. L'anglais des 'soldats' n'était pas un langage des plus raffinés ni des plus élégants mais il était assez éloquent et il le comprenait. Il avait également une mémoire fantastique, ce qui est souvent le cas avec les personnes qui n'ont jamais appris à lire ou à écrire. Par exemple, l'une de nos tâches consistait à débarrasser les draps de leurs insectes. Ce procédé était connu sous le terme de *désinfestation*. Le soldat britannique moyen devait entendre ce mot une demi-douzaine de fois avant de le prononcer correctement. Ali l'entendit une fois et le prononça correctement à partir de cet instant. Sa mémoire auditive était incroyablement vive.

Un jour, Ali me parla de satan. Lorsque je découvris qu'il croyait en satan, je lui signalai du tac au tac que j'y croyais également. Ironiquement, c'est sur ce point que nous nous sommes rencontrés. Je lui racontai les problèmes que le diable m'avait créés et il me parla des siens. Nous avions enfin une relation personnelle.

Ali avait l'habitude de venir me voir dans mes quartiers vers 9h tous les matins. Un matin, il eut presque une heure de retard. Lorsqu'il arriva il semblait contrit et me dit: "Désolé, mais j'ai dû aller à l'hôpital pour faire soigner mon pied". Je lui demandai: "qu'est-ce qu'il a, ton pied?" et il répliqua: "j'ai une plaie qui, malgré deux mois de traitement, ne se referme toujours pas".

A ce moment-là, je me suis souvenu de Marc 16:17-18: *Voici les miracles qui accompagneront ceux qui auront cru: ... ils imposeront les mains aux malades, et les malades, seront guéris.* Malgré la sensation d'être un bloc de glace à cause de ma nervosité, je lui demandai: "Voudrais-tu que je prie pour toi?" Il répondit oui. Il pensait à l'évidence qu'il n'avait rien à perdre. "D'accord", lui répondis-je, "je vais prier pour toi. Mais je vais te dire une chose: je prie dans le nom de Jésus". Il fut d'accord.

Aussi loin que je me souvienne, je n'avais jamais vu auparavant quelqu'un imposer les mains à un malade et prier pour lui. Je ne savais pas comment faire, je n'avais aucun modèle. Alors, je me suis tenu devant lui, j'ai étendu les mains et les ai posées sur lui en disant une courte prière. Si vous m'aviez demandé en ce temps-là quel était mon niveau de foi, j'aurai répondu "zéro". Cependant, une semaine après, il est arrivé le visage brillant. Il a demandé: "je peux te montrer mon pied?" J'ai répondu par l'affirmative et ai pu constater qu'il était complètement guéri. Dieu avait agi.

Je vais rajouter une chose à cette histoire: Une fois guéri, Ali m'écoutait, j'ai donc pensé que je pouvais lui parler de Jésus. Il était réceptif, j'ai donc commencé à lui lire un passage du Nouveau

Testament tous les matins. Je lisais dans ma Bible normale mais tout en lisant, je traduisais en anglais 'des soldats', ce qui a été une sacrée besogne, croyez-moi!

Pendant toute une période, il en a été ainsi. Puis, une nuit, lorsque je suis rentré dans ma chambre pour dormir, en me laissant tomber sur le lit j'ai ressenti la douleur la plus aigue et la plus intense de toute ma vie. J'ai sauté hors du lit et ai allumé la lumière pour réaliser que j'avais été piqué par un frelon. Je peux vous dire que les frelons soudanais représentent une espèce à part entière! J'étais sous l'emprise de la douleur et complètement terrifié, mais le verset suivant me vint à l'esprit: *Voici, je vous ai donné le pouvoir de marcher sur les serpents et les scorpions, et sur toute la puissance de l'ennemi; et rien ne pourra vous nuire* (Luc 10:19).

J'ai réfléchi: *s'il est question de serpents et de scorpions, cela doit aussi s'appliquer aux frelons.* Pendant une dizaine de minutes, j'ai arpenté ma chambre de long en large en boitillant, les bras en l'air, louant Dieu et le remerciant du fait que cela ne pouvait pas me nuire. Au bout de ces dix minutes, la douleur était partie. La piqûre était encore visible sur ma cheville mais il n'y avait pas la moindre trace d'enflure.

Le jour suivant, lorsqu'Ali s'est présenté dans mes quartiers comme d'habitude, je lui ai dit: "Tu sais? Il m'est arrivé quelque chose hier soir." Il me demanda ce que c'était et je répondis: "Un frelon m'a piqué." Il s'écria: "un frelon?" Je répliquai: "oui, tu veux voir?" je retirai ma chaussette pour lui montrer la piqûre sur ma cheville. "Et ça n'a pas enflé?" demanda-t-il? Sur ma réponse négative, il s'exclama "je ne comprends pas." Il m'emmena vers l'extérieur, pointa son doigt vers un homme qui, à ce moment-là, traversait le complexe hospitalier clopin-clopant avec un genou replié et me dit: "tu vois cet homme? Tu sais pourquoi son genou est replié? Il a été piqué par un frelon et il n'a plus jamais pu redresser sa jambe." Après cet incident, Ali redoubla d'intérêt pour écouter ce que j'avais à lui dire!

Gardons à l'esprit ce témoignage et revenons à notre point de réflexion originel concernant l'ordonnance d'imposer les mains aux malades pour la guérison, comme je l'ai fait pour Ali afin que son pied soit guéri. Imposer les mains est un simple acte d'obéissance à Dieu le Père qui libère sa puissance d'action miraculeuse. De plus, ma propre guérison de la piqûre de frelon a été une démonstration de ce qui se passe lorsque nous croyons et que nous agissons d'après la parole de Dieu.

Voici une autre ordonnance décrite en Jacques 5:14–15:

Quelqu'un parmi vous est-il malade? Qu'il appelle les anciens de l'Eglise, et que les anciens prient pour lui, en l'oignant d'huile au nom du Seigneur; la prière de la foi sauvera le malade, et le Seigneur le relèvera...

Oindre d'huile ne guérit pas la personne et l'huile en elle-même ne guérit pas. C'est la puissance d'action miraculeuse de Dieu qui guérit. Mais le simple fait d'oindre l'huile libère cette puissance miraculeuse. L'huile est un archétype du Saint-Esprit. C'est un acte extérieur par lequel nous témoignons de notre foi en ce que le même esprit qui a ressuscité Jésus des morts peut aussi accélérer et produire la guérison dans le corps malade d'un enfant de Dieu.

Le fait que ce simple acte de foi soit souvent requis pour libérer la puissance d'action miraculeuse de Dieu est donc l'une des grandes révélations de la parole de Dieu. Les actes que nous venons d'observer étaient très simples. Parfois, les actes que Dieu nous demande d'accomplir sont presque enfantins (même stupides pour l'intelligence humaine). Jean 9 nous parle de l'occasion où Jésus a mis de la boue sur les yeux d'un homme aveugle et a dit: *Va, et lave-toi au réservoir de Siloé* (verset 7). Ce ne sont ni la boue ni le réservoir de Siloé qui ont transformé la vision de cet homme. C'est la puissance d'action miraculeuse de Dieu. Mais ces deux actes simples étaient requis pour la libérer: tout d'abord l'application de la boue par Jésus, ensuite le fait que l'homme aille se laver dans le bassin.

La prochaine fois que vous êtes confrontés à un problème insoluble, souvenez-vous qu'un simple acte de foi peut libérer la puissance miraculeuse de Dieu. La foi sans les œuvres est morte (voir Jacques 2:20,26). Si vous n'agissez pas, vous n'avez pas la foi. Souvent, les gens ne bougent pas dans la foi parce qu'ils pensent: *j'aurais l'air d'un fou!* Rien n'inhibe plus notre foi que la crainte de paraître fou, n'est-ce pas? Mais Moïse a voulu avoir l'air d'un fou auprès des eaux amères de Mara. Il a pris ce morceau de bois et l'a jeté dans l'eau. Tout le monde a pu le voir et l'entendre. En tous cas, le résultat était que tout le monde a pu boire.

Le bois et la croix

Je vais maintenant vous partager l'expression ultime du principe que nous venons de voir: J*e suis l'Eternel, qui te guérit* (Exode 15:26). Il s'agit de la révélation de Jésus en tant que guérisseur. Tout ce que vous avez à savoir est basé sur cette révélation, car elle exprime la signification ultime de la guérison.

Cet incident de l'Ancien Testament à Mara préfigure la croix de Jésus ainsi que la guérison que nous recevons à travers elle. Moïse avait reçu l'ordre de jeter un bois dans les eaux afin d'en ôter l'amertume. Le mot 'bois' en hébreu est parfois difficile à préciser. J'ai rencontré une difficulté linguistique similaire lorsque je me suis rendu en Afrique de l'Est. Les gens qui parlaient swahili utilisaient le même mot pour bois, que le bois en question soit un arbre vivant ou un morceau de bois coupé. Dans tous les cas, il s'agit d'un simple "bois".

Beaucoup de gens ne comprennent pas pourquoi la croix est citée comme un bois dans beaucoup de traductions de la Bible, toutefois, en hébreu comme en swahili, le même mot est utilisé pour le bois, que celui-ci soit vivant ou coupé. Moïse a reçu l'ordre de couper un morceau de bois et de le plonger dans les eaux (et ce morceau de bois est une préfiguration de la croix de Christ). Le cœur même du message de l'Evangile est que la croix est l'unique base de la guérison. Tout l'Evangile est centré sur la croix. Elle est le point de rencontre de tous les aspects du besoin humain et de la provision de Dieu. Il n'y en a aucun autre. Peu importe votre besoin, il est satisfait au calvaire.

L'un des mes amis, un chrétien sincère, travaillait dans un bureau de l'hôtel de ville à Londres. Comme des millions de gens, il allait travailler tous les matins et revenait tous les soirs avec sa mallette. Je suppose que tout ce qu'il y a dans certaines mallettes d'employés de bureau sont des sandwiches pour le déjeuner. Mais si vous travaillez dans la City à Londres, vous devez porter une mallette. Vous n'êtes pas "arrivés" tant que vous ne l'avez pas.

Cet ami en particulier avait une très belle mallette, mais il avait imprimé quelque chose dessus en grandes lettres majuscules qui la rendait différente des autres: DIEU VOUS ATTEND AU CALVAIRE. Cette phrase a toujours captivé mon imagination. Elle est tellement vraie. Dieu vous attend au calvaire. Il n'existe qu'un seul endroit où vous pouvez rencontrer Dieu et c'est la croix. Sur la croix, tout ce qui se tenait entre vous et Dieu a été aboli une fois pour toutes. C'est l'endroit convenu par Dieu pour le rencontrer.

J'ai entendu une autre histoire qui a fasciné mon imagination. Dans la ville de Glasgow, en Ecosse, il existe un point central de rencontre de toutes les avenues principales bien connu sous le nom de "la Croix". Un jour, une petite fille qui habitait Glasgow s'éloigna de chez elle. Bientôt elle ne sut plus où elle se trouvait et se mit à pleurer. Elle s'assit sur le coin d'un trottoir et commença à s'essuyer les yeux avec ses doigts crasseux. Son visage devint de plus en plus sale. Au bout d'un moment, un grand et gentil policier passa par là. Il la vit pleurer et lui demanda ce qu'elle avait. "S'il vous plaît, je suis perdue, je ne sais pas comment rentrer chez moi" lui répondit-elle. "Viens avec moi au commissariat et nous allons faire des recherches" lui dit-il. Le policier la prit par la main et l'emmena avec lui. Il se trouve que le chemin du commissariat passait par ce grand croisement central. Lorsque le policier parvint à "la Croix", il sentit la main de la petite fille tirer sur la sienne, il se pencha et lui demanda "que se passe-t-il?". Elle répondit "tout va bien Monsieur, je connais le chemin à partir de là".

Et ceci est vrai pour nous aussi. La croix est pour le pécheur le chemin vers la maison. Lorsque vous êtes arrivés à la croix, vous trouvez le chemin pour rentrer à la maison. C'est un point de rencontre entre Dieu et l'homme.

Notre source de guérison

Sur la croix, Jésus a porté dans son propre corps tout le poids qui serait tombé sur une race déchue et maudite par le péché. 1 Pierre 2:24 dit: ... *lui qui a porté lui-même nos péchés en son corps sur le bois, afin que morts aux péchés nous vivions pour la justice; lui par les meurtrissures duquel vous avez été guéris.* Encore une fois, le terme grec pour "*guéri*" dans ce verset est celui qui se rapporte à la guérison physique. Il s'agit de guérison physique, cela ne fait aucun doute. Par le sacrifice expiatoire et substitutif de Jésus-Christ à la croix, la guérison physique complète a été donnée à chaque croyant.

Comme nous l'avons vu, Jésus n'a pas seulement porté nos péchés sur la croix mais aussi nos maladies. Matthieu 8:16-17 dit, ... *il guérit tous les malades, afin que s'accomplît ce qui avait été annoncé par Esaïe, le prophète: Il a pris nos infirmités, et il s'est chargé de nos maladies.* Vous avez un droit légal à la guérison parfaite parce que toutes les maladies, toutes les infirmités, toutes les douleurs que le péché a amené sur la race humaine ont été déposées sur le corps de Jésus lorsqu'il était pendu à la croix. Il a été le substitut du pécheur. Tout ce qui était dû au pécheur lui a été attribué.

L'unique base sur laquelle Dieu peut pardonner nos péchés est le fait que Jésus ait porté nos péchés et en ait payé le prix. De la même manière, la base unique et définitive de la guérison c'est que Jésus a pris nos infirmités, porté nos maladies et que par ses meurtrissures nous sommes guéris. C'est ce que révèle la Bible, la parole de Dieu et elle ne change jamais. Elle ne contient aucun élément qui ne soit pas en droite ligne de ce principe.

Chapitre 5

Choisir Jésus comme votre médecin

Nous avons vu que l'unique base sur laquelle nous pouvons recevoir la guérison divine est le fait que Jésus ait pris nos infirmités et porté nos maladies sur la croix que et que par ses meurtrissures nous sommes guéris. C'est la révélation inaltérable de la Bible, la parole de Dieu. Vous avez entendu cette révélation et vous avez maintenant l'opportunité d'y répondre par la foi. *Ainsi la foi vient de ce qu'on entend, et ce qu'on entend vient de la parole de Christ* (Romains 10:17).

Le moment de la décision

Après avoir entendu la parole de Dieu, vous devez prendre une décision. Il vous faut décider si vous allez y répondre. Personne d'autre ne peut prendre cette décision à votre place par rapport à votre guérison physique: allez-vous accepter Jésus-Christ comme votre médecin? C'est pourtant ce qu'il est. Pour ramener cela à un niveau très pratique. Si vous prenez cette décision, allez-vous la faire suivre d'un engagement?

Lorsque vous allez chez le docteur et qu'il vous dit de prendre des pilules, vous devez les prendre si vous voulez guérir. Lorsqu'il vous dit qu'il faut une opération, vous devez vous y soumettre si vous voulez que le problème soit réglé. Sinon, votre décision d'allez voir le docteur serait infructueuse. Il en va exactement de même avec le Seigneur. Il n'existe aucune décision le concernant qui n'implique pas un engagement. Vous en remettrez-vous à lui sans réserves? Rien de ce qui suivra ne dépendra de ce que vous voyez ou ressentez. Cela dépendra de votre écoute, de votre confiance et de vos actes selon la Parole - prendre une décision et la faire suivre d'un engagement.

Si après avoir lu les principes que je vous ai partagés, vous espérez simplement que le Seigneur vous guérira de vos afflictions du moment, arrêtez tout de suite. Si vous faites juste un essai pour voir si ça marche, ce n'est pas de la foi. La foi n'est pas une expérience, c'est un engagement.

Mais, si après avoir lu cela, vous avez vraiment entendu la parole de Dieu et pris une décision, avancez par la foi. Faites cette déclaration: "Je vais faire confiance au Fils de Dieu pour qu'il soit mon médecin personnel. Je vais lui remettre ma personne et ma situation sans réserves. Je vais renoncer à toutes choses qui pourraient se mettre entre le Seigneur et moi, toute sorte de péché, tout ce qui relève de la chair, du monde, de l'indifférence et de la tiédeur. Et je vais prendre bien plus de temps pour me plonger dans sa précieuse Parole, parce que je sais que c'est là où se trouve la bouée de sauvetage." Si vous voulez réellement que votre besoin soit traité, alors et seulement alors, avancez par la foi.

Mon appel peut paraître étrange parce qu'il semblerait presque que je veuille vous retenir. Mais j'espère que vous comprendrez le sérieux de cette décision. En Afrique, si vous voulez faire un appel au salut, il faut utiliser la même approche. Il est possible de prêcher dans une assemblée africaine en certains endroits et de voir 90 % des gens s'avancer pour le salut. Il faut, en vérité, rendre les choses plus difficiles à accepter afin que les gens comprennent réellement ce à quoi ils s'engagent. Le grand problème auquel j'ai été confronté en Afrique a été d'essayer d'empêcher les gens de s'avancer pour le salut toutes les semaines. Il se peut que cela vous fasse rire, mais c'est exactement ce qui se passe avec beaucoup de gens par rapport à la guérison. Pourquoi? Parce que les gens ne s'engagent pas! Il ne font que répondre à une expérience en disant: "Bon, je vais m'avancer et voir si ce prédicateur peut faire quelque chose pour moi" ou bien "untel a déjà prié pour moi, maintenant à vous de voir si vous pouvez le faire." Franchement, je ne souhaite pas être le prochain sur la liste de quelqu'un.

"Voulez-vous de mes services?"

Permettez que je vous pose les questions suivantes: Pensez-vous que le Seigneur est un docteur compétent? Croyez-vous vraiment qu'il sait ce qu'il fait? Dans le monde naturel, un docteur ne traite jamais un patient professionnellement avant d'y être invité, sauf pour une urgence. Dans des circonstances normales, vous devez choisir votre médecin. Votre médecin de famille ne l'est pas parce qu'il a voulu l'être mais parce que vous l'avez choisi. C'est exactement la même chose avec le Seigneur. Il est potentiellement votre docteur mais, en fait, c'est votre propre choix qui lui accorde cette position. Vous faites de lui votre docteur lorsque vous pensez qu'il est digne de confiance pour s'occuper de vos besoins.

Nous voyons une fois encore que certains principes de base de la foi s'appliquent tout autant dans le domaine de la guérison physique que dans celui de pardon des péchés. La plupart d'entre nous connaissent le ministère de Billy Graham. Vous avez probablement regardé une de ses croisades à la télévision ou y avez assisté en personne. Personnellement, j'ai fait les deux. Ce que Billy Graham fait principalement pendant quarante-cinq minutes, est de prêcher ce que les Ecritures enseignent à propos du pardon des péchés et du salut. Puis, après avoir prêché, il invite les gens à prendre une décision. Le mot *décision* est un mot-clé de son vocabulaire.

Certaines sections de l'église peuvent émettre de légères objections à cette méthode mais dans l'ensemble, lorsqu'une croisade de Billy Graham a rapporté "3000" décisions pour Christ, nous avons compris de quoi il s'agissait. Cela veut dire que 3000 personnes ont pris la décision d'accepter Jésus comme leur sauveur personnel. Billy Graham n'a jamais permis à quiconque prenait une telle décision de rester passivement assis. Il les a toujours appelés à se lever et à prendre un engagement personnel. C'est ça la foi. C'est entendre la parole, prendre une décision et la faire suivre d'en engagement.

C'est exactement la même chose pour la guérison physique. Vous entendez la parole, et vous prenez une décision. Laquelle? Avez-vous décidé: "je veux que le Seigneur soit mon docteur"? Si vous avez fait cela, vous avez pris un engagement: vous lui avez remis votre cas. C'est tout à fait parallèle. Il n'y a pas de différence. Ce qui marche dans le domaine spirituel marche de la même manière dans le domaine physique. Jésus dit: "Je suis l'Eternel ton médecin. Veux-tu de mes services?"

Lui avez-vous dit que vous le vouliez pour médecin? Avez-vous pris cette décision?

Choisir implique une foi solide et non un choix émotionnel.

Encore, une fois, pour illustrer cela dans le domaine du pardon des péchés, vous ne vous attendriez pas à recevoir le salut en dehors du Sauveur, n'est ce pas?

Certaines personnes aimeraient avoir leurs péchés pardonnés parce que le péché est un grand fardeau, mais elles ne veulent pas du Sauveur. Mais nous ne prêchons pas qu'il puisse y avoir de salut sans le Sauveur. Ni qu'il puisse y avoir guérison sans celui qui guérit. C'est un engagement personnel avec Jésus, celui qui guérit. C'est une décision, pas une émotion. Vous n'avez pas besoin de ressentir une émotion quand vous prenez le téléphone pour appeler le médecin. Certaines personnes en ont mais en général c'est du domaine de la décision. L'émotion ce n'est pas la foi, mais la décision oui.

Comme nous le disions plus haut, nous savons très bien ce qu'est la foi du coeur quand nous la mettons dans le contexte du salut. La foi qui vient du coeur pour le salut est une décision, qui ne dépend pas des émotions. Vous pouvez ressentir une grande émotion ou ne rien ressentir du tout. Je connais des gens qui ont vécu une merveilleuse expérience de conversion, sans l'ombre d'une émotion. Ils n'ont ni tremblé, ni sangloté.

J'ai connu un homme il y a quelques années; c'était le sponsor et le directeur de campagne de Billy Graham à Chicago. Il se trouve que je connaissais celui qui l'avait amené au Seigneur. C'était un ami à moi qui était membre de l'église baptiste. Quand il l'a conduit à Christ, cet homme était président d'une banque. Un jour, après un culte dans l'église baptiste, cet homme est allé dans une salle à part pour être conseillé. Mon ami lui a donné le plan du salut, comme un bon baptiste le ferait –Romains 3: 23, Romains 6: 23 et ainsi de suite. Tout s'est bien passé. Mon ami me raconta que l'homme s'était comporté de la même manière que s'ils avaient été dans une banque pour signer un contrat. Il n'a manifesté aucune émotion et mon ami ne savait pas si c'était réel ou non. Et pourtant ce directeur de banque est devenu l'un des chrétiens les plus remarquables de sa communauté. Il a pris une décision basée sur la Parole et pas sur des émotions.

Parfois, il faut laisser de côté nos émotions. La plupart des gens de certains mouvements confondent l'émotivité avec la foi et l'effusion du Saint-Esprit. Il y a des années, quelques personnes de Nouvelle Zélande sont venues me voir pour me dire: "Nous n'avons jamais rencontré un prédicateur qui fasse un appel moins émotionnel que vous." Il ne s'agit pas d'émotion. Vous pouvez faire pleurer les gens. Vous pouvez sauter sur l'estrade et vous exciter. Selon moi, tout ce que vous obtiendrez c'est détourner les gens de la véritable question. Le but n'est pas l'émotion. Le cœur n'est pas d'abord guidé par les émotions, mais par la décision. Ce sont deux réponses très différentes.[†]

De même, la repentance est une décision. Beaucoup de gens ressentent de l'émotion à propos de leurs péchés, mais ne se repentent jamais. Nous les voyons venir devant à l'église chaque dimanche, pleurant un peu, sanglotant sur l'épaule de quelqu'un. Puis ils continuent à vivre de la même mauvaise façon et reviennent verser une petite larme la semaine suivante. Ils montrent de l'émotion, mais pas de véritable repentance. Ils ne comprennent probablement pas ce qu'on leur demande. Ils doivent prendre une décision pour se détourner de leurs péchés et suivre Dieu.

C'est exactement la même chose dans le domaine de la guérison. Qui sera votre médecin? Encore une fois, votre médecin généraliste ne vous obligera pas à vous soigner. Votre médecin céleste non plus. Vous devez décider de le choisir.

Une décision permanente de marcher dans la guérison

Il y a un autre aspect au verset: "Je suis l'Eternel qui te guérit" (Exode 15: 26) qui est en rapport avec votre décision de faire de l'Eternel votre médecin. En fait, l'affirmation ci-dessus est au présent. "Je suis l'Eternel qui est en train de te guérir." Si vous vivez au contact du Seigneur, il vous guérit en permanence. C'est un processus continuel.

C'est comme dans 1 Jean 1:7: *Si nous marchons dans la lumière, comme il est lui-même dans la lumière, nous sommes en communion les uns avec les autres, et le sang de Jésus-Christ nous purifie (continuellement) de tout péché.* Si vous avez une bonne relation avec Dieu et avec les hommes, vous êtes purifiés en permanence par le sang de Jésus. De même, si vous êtes dans cette relation avec Dieu, il vous guérit sans cesse.

Vous pensez peut-être que c'est une pensée ridicule, mais vous ne devez pas attendre d'être malade pour remercier Dieu de vous avoir guéri parce qu'il vous guérit sans cesse. Chaque matin, quand vous vous

---

[†] Pour une étude plus approfondie sur ce sujet, nous vous recommandons le livre 'La décision vous appartient!'

regardez dans la glace, vous pouvez dire: "Merci Seigneur parce que tu as pris mes infirmités et tu as porté mes maladies. C'est pourquoi je suis en bonne santé." Vous vous sentirez mieux après avoir fait cela. C'est vous qui décidez d'être rempli de reconnaissance et de gratitude pour la guérison. Et ce peut être votre attitude par rapport à Dieu.

La puissance de l'alliance

En outre, l'une des grandes révélations qui est apparue en étudiant l'affirmation: "Je suis l'Eternel qui te guérit", c'est le principe de l'alliance. Sur la base de cette promesse, Dieu a fait une alliance avec Israël. Il est très intéressant que Dieu ait décidé d'agir sur la base d'alliances. En règle générale, tout ce que Dieu fait en rapport avec l'homme est fait sur la base d'une alliance.

J'ai découvert cette vérité quand j'ai commencé à lire la Bible pour la première fois en hébreu et que j'ai décidé (je suis sûr que c'est le Saint-Esprit qui m'a inspiré) que j'allais suivre certains thèmes à travers la Bible. Voici ce que j'avais décidé de faire: j'ai pris trois crayons de couleur: un bleu, un vert et un rouge. Le bleu était pour les passages en rapport avec l'alliance, le vert pour ceux en rapport avec le sacrifice et le rouge pour ceux en rapport avec l'aspersion du sang. Je n'avais aucune idée par avance du résultat mais partout où j'avais le bleu, j'avais aussi du vert et du rouge. Pourquoi? Parce qu'on ne peut pas avoir d'alliance sans sacrifice ni de sacrifice sans aspersion de sang.

Cette réalité est résumée dans le Psaume 50:5 où l'Eternel dit: *Rassemblez-moi mes fidèles, qui concluent une alliance avec moi par le sacrifice.* De tous temps, le peuple de Dieu a été celui qui concluait des alliances avec lui sur la base d'un sacrifice. Ce n'est que sur la base d'un sacrifice que nous pouvons être acceptés par Dieu.

Le pain des enfants

Nous trouvons une intéressante application de ce principe d'alliance dans Matthieu 15. Jésus parcourait le pays d'Israël et les Ecritures nous disent qu'il guérissait tous ceux qui venaient à lui.

Alors de grandes foules s'approchèrent de lui, avec des boiteux, des aveugles, des sourds-muets, des estropiés et beaucoup d'autres malades. On les déposa à ses pieds, et il les guérit. Aussi la foule était-elle en admiration en voyant les sourds-muets parler, les estropiés trouver la santé, les boiteux marcher, les aveugles voir; et elle glorifiait le Dieu d'Israël. (Matthieu 15: 30-31)

Chaque Israélite qui venait à Jésus recevait la guérison. Il n'a jamais refusé et il n'a jamais posé de questions. Pourquoi? Parce que quinze siècles auparavant Dieu s'était lui-même engagé par une alliance.

Souvenez-vous que quand la femme syro phénicienne, une gentille, a crié au Seigneur pour que sa fille soit guérie, il n'a pas répondu tout de suite. (voir Matthieu 15: 22-23) Quand elle a essayé de le persuader, il a répondu: *Il n'est pas bien de prendre le pain des enfants et de le jeter aux petits chiens.* (verset 26)

Certains n'aiment pas l'idée que Jésus ait traité cette femme de chien mais il l'a fait. Elle a parfaitement compris ce qu'Il voulait dire. Même ainsi, elle dit: "Oui, Seigneur, pourtant les petits chiens mangent les miettes qui tombent de la table de leur maître." (verset 27) Cette réponse lui a valu le gros lot. "Alors Jésus lui dit: O femme, ta foi est grande, qu'il te soit fait comme tu le veux." (verset 28) Je serai heureux que le Seigneur me dise cela, pas vous?

Comprenez-vous pourquoi Jésus l'a traitée de chien? C'était parce que sous la loi elle n'avait pas de relation d'alliance avec Dieu. Elle était en dehors de l'alliance; elle était considérée comme impure. Un chien est un animal impur. Et toute personne en dehors de la relation d'alliance avec Dieu est impure. La seule base pour être acceptée devant Dieu, c'était la relation d'alliance, pourtant cette femme en dehors de l'alliance a reçu ce qu'elle a demandé à cause de sa grande foi.

Le Nouveau Testament nous parle de la Nouvelle Alliance avec Dieu le Père que chacun - Juif ou Gentil - peut recevoir à travers le sang du Seigneur Jésus-Christ. La seule façon d'être accepté par Dieu, c'est d'entrer dans cette relation d'alliance avec lui en recevant Christ comme Sauveur. Il n'y a pas d'autre moyen. Dieu peut guérir quelqu'un en dehors de l'alliance mais notre salut dépend d'elle.

Nous devons nous rappeler un autre fait très important à partir de l'histoire de la femme syro phénicienne que nous avons noté plus haut: si vous êtes un enfant de Dieu, la guérison est votre pain. Jésus dit: *Je suis le pain de vie*" (Jean 6:35, 48) Vous avez peut-être grandi dans une famille où il n'y avait pas beaucoup de luxe. Cependant vos parents n'ont jamais refusé de vous donner du pain. Le pain faisait partie de votre droit de base au sein de la famille. C'est la même chose avec Dieu. Votre père céleste ne vous refusera jamais le pain. (voir Matthieu 7:9)

Jésus a dit que nous devions prier ainsi chaque jour: *Donne-nous aujourd'hui notre pain quotidien.* (Matthieu 6:11) Ce "pain" peut se référer à la nourriture, au besoin que nous avons de la parole de Dieu, et même à la guérison ou à la santé parce que la guérison est le pain des enfants.

Si les miettes ont pu faire sortir le démon de la fille de la femme, que feront les miettes pour vous? Vous n'avez pas à vivre de miettes -si vous êtes enfant de Dieu, vous avez droit au pain! Lui permettrez-vous de vous le donner? Le laisserez-vous être votre médecin?

Prenez du temps pour prier

Pour terminer ce chapitre, prenons du temps pour prier. Restez dans le calme et le respect, seul avec Dieu. Ne vous laissez pas distraire par ce qui est autour de vous. Souvenez-vous la foi ne voit pas avec les yeux naturels. Si vous regardez avec vos yeux naturels, ce n'est pas la foi.

Maintenant, vous allez peut-être venir vers le Seigneur avec un besoin personnel bien précis. Il se peut qu'il soit spirituel ou physique. Vous n'avez peut-être pas la paix intérieure. Vous avez peut-être besoin d'avoir l'assurance que vous péchés sont pardonnés et que vous avez une véritable relation d'alliance avec Dieu. Ou vous avez besoin d'une délivrance physique à travers une guérison. Dites au Seigneur que vous voulez lui apporter votre cas maintenant sans réserve. Exprimez votre désir de lui faire cette confession et de préparer votre coeur pour la prière d'engagement que nous allons faire. C'est une décision importante et j'aimerais que vous la preniez.

J'aimerais maintenant que vous me suiviez dans une prière simple et précise. Tout d'abord je voudrais que vous fassiez volontairement et personnellement une confession de foi et d'engagement envers Jésus-Christ. Si vous êtes déjà sauvé, cela ne vous fera pas de mal de le redire. Voulez-vous lire ces paroles en les disant directement à Jésus?

Seigneur Jésus-Christ, je crois que tu es le Fils de Dieu. Tu es mort sur la croix pour mes péchés. Tu as porté mes maladies. Tu as pris mes infirmités. Tu as répandu ton sang pour moi. Tu es ressuscité d'entre les morts. Je viens à toi maintenant dans une foi simple et je proclame ta promesse: "Je ne mettrai pas dehors celui qui vient à moi". Seigneur, je viens à toi, et je crois que tu me reçois. Je m'abandonne à toi sans réserve - esprit, âme et corps. Je me remets entre tes mains de Médecin. Seigneur Jésus, sois mon médecin, j'ai besoin de tes services. Sauve-moi, guéris-moi, et rends-moi entier pour ton service, pour ta gloire. Au nom de Jésus, amen.

Par la foi, remerciez-le de recevoir votre confession et votre engagement envers lui.

Chapitre 6

Le message de guérison de Jésus: L'Evangile du royaume

Dans le ministère terrestre de guérison de Jésus, il y avait deux aspects: le *message* qu'il donnait et les *méthodes* qu'il utilisait. Dans ce chapitre, nous allons nous centrer sur son message en continuant à construire sur les fondements bibliques de la guérison.

Commençons par citer ce qui est écrit sur les disciples de Jésus au dernier verset de l'Evangile de Marc. C'est au moment où Jésus vient de monter au ciel après leur avoir donné ces instructions:

Allez dans le monde entier et prêchez la bonne nouvelle du royaume à toute la création...Voici les signes qui accompagneront ceux qui auront cru: en mon nom, ils chasseront les démons; ils parleront de nouvelles langues; ils saisiront des serpents; s'ils boivent quelque breuvage mortel, il ne leur fera pas de mal; ils imposeront les mains aux malades et les malades seront guéris. (Marc 6:15, 17-18)

Nous lisons ensuite:

Et ils s'en allèrent prêcher partout. Le Seigneur travaillait avec eux et confirmait la parole par les signes qui l'accompagnaient.

J'aimerais vous faire remarquer que c'est la Parole que le Seigneur a confirmée par des miracles. Si vous voulez les bons miracles, la logique veut que vous ayez la bonne parole. Vous ne pouvez pas vous attendre à ce que Dieu confirme une parole qu'il n'est pas prêt à confirmer!

De même, Actes 14:3 parle du ministère de Paul et de Barnabas à Iconium:

Ils séjournèrent assez longtemps à Iconium; ils parlaient pleins d'assurance dans le Seigneur qui rendait témoignage à la parole de sa grâce et leur accordait de voir des signes et des prodiges se produire par leurs mains.

Remarquez encore une fois que les signes et les miracles étaient là parce que le Seigneur rendait témoignage à "la parole de sa grâce". C'était cette parole qu'Il attestait par des miracles. Encore une fois la conclusion est évidente: si vous n'avez pas la bonne parole, vous ne pouvez pas vous attendre aux miracles qui l'attestent.

Bien comprendre le message de l'Evangile

Durant de nombreux siècles, l'église n'a pas vraiment présenté le message de l'Evangile comme il était présenté dans le Nouveau Testament. Je dirais qu'il a été tronqué. Certaines parties ont été enlevées, et le message que nous appelons habituellement "Evangile" est en fait seulement une partie de l'Evangile réel. En un sens, la partie la plus importante a été laissée de côté.

Souvenez-vous que le mot Evangile signifie bonne nouvelle. Je dis souvent aux gens que si vous entendez quelque chose qui n'est pas une bonne nouvelle, ce n'est pas l'Evangile. Il y a beaucoup de soi-disant prédications de l'Evangile qui contiennent très peu de cette précieuse bonne nouvelle.

Je connais un cher frère, diacre dans une église fondamentaliste très connue de Chicago. C'était un homme bien éduqué - docteur en théologie - et un chrétien engagé. Sa femme avait une maladie rénale. Ils sont allés voir un spécialiste juif qui était agnostique ou athée et c'est lui qui a fait le diagnostic de la maladie. Il leur a dit qu'il n'y avait pas de remède. Alors elle est allée à la librairie de leur église, qui était une librairie très connue, pour chercher un livre sur la guérison. Après elle m'a dit: "J'ai trouvé quatorze livres qui disaient comment souffrir mais aucun qui disait comment être guéri."

En désespoir de cause, le couple a fait quelque chose que des fondamentalistes n'auraient jamais fait. Ils sont allés dans une grande église épiscopale où le recteur a oint sa femme d'huile au nom de Jésus et elle a été guérie. Quand elle est retournée voir le médecin, il lui a dit: "C'est un miracle!" Et bien, c'est cela la bonne nouvelle. Alors, souvenez-vous que nous parlons de la bonne nouvelle de l'Evangile et cela comprend la guérison.

Le royaume ou gouvernement de Dieu

L'expression clé du Nouveau Testament est "l'Evangile du royaume" ou "la bonne nouvelle du royaume." (Voir par exemple Matthieu 4:23). Il n'est pas biblique de laisser de côté le mot "royaume" quand on présente l'Evangile.

L'Evangile n'est pas seulement une vague annonce de bonnes nouvelles. Il n'est pas, comme cela est souvent représenté le fait que vous pouvez vous repentir, avoir vos péchés pardonnés et recevoir la vie éternelle.‡ Je remercie Dieu parce que tout cela est vrai mais ce n'est pas tout. C'est en fait un tremplin vers le but ultime de Dieu. Quel dommage si vous commencez à traverser un ruisseau sur des pierres et que vous arrêtez en plein milieu sans jamais aller plus loin. Comme il est tragique de toujours être sur la même pierre sans jamais atteindre l'autre rive. Malheureusement, c'est là l'état de la plupart des églises aujourd'hui.

Quelle est donc l'essence de la Bonne Nouvelle du Royaume? Selon moi, la voici: Dieu le Père veut prendre le gouvernement de la race humaine. Souvenez-vous que dans la Bible, le "royaume" est la forme normale de gouvernement. La démocratie, telle que nous la connaissons, était inconnue. Quand la Bible parle d'un royaume, elle parle d'une forme de gouvernement.

Si vous analysez l'histoire humaine, vous voyez que tous les problèmes humains ont commencé quand l'humanité a rejeté le gouvernement de Dieu. La seule solution efficace aux problèmes humains, c'est que l'homme revienne sous le gouvernement de Dieu. La bonne nouvelle c'est que Dieu veut reprendre l'homme sous son gouvernement.

Il existe une telle attitude de rébellion et d'indépendance dans le monde d'aujourd'hui que la plupart des gens n'aiment pas le mot 'gouvernement'. Ils ne voient pas que c'est une bonne nouvelle. Pourtant, vous ne pouvez pas recevoir l'Evangile dans le sens du Nouveau Testament à moins que vous ne soyez prêt à accepter et à vous soumettre au juste gouvernement de Dieu sur votre vie.

Cinq phases de l'Evangile du royaume

Il existe cinq phases à l'Evangile du royaume, ou de la bonne nouvelle du gouvernement de Dieu. Il se trouve que ces cinq phases commencent par les lettres PR. Prédiction, proclamation, preuve, prière

---

‡ Pour avoir une étude plus étendue sur 'La Bonne Nouvelle du Royaume', nous vous recommandons le livre avec le même titre.

et priorité. Reconnaître ces phases nous donne un fondement pour comprendre le message complet de l'Evangile.

La prédiction du royaume

L'une des prédictions la plus largement acceptée est celle de la venue du Messie dont on trouve une proclamation dans Esaïe 9:

Car un enfant nous est né, un fils nous est donné. (verset 5)

La prédiction d'un "enfant" ou d'un "fils" a été accompli par la naissance de Jésus-Christ.

... et le gouvernement sera sur son épaule; et on appellera son nom, Merveilleux, Conseiller, Dieu fort, Père du siècle, Prince de paix. (Darby)

Voici la première affirmation sur cet enfant: le gouvernement sera sur son épaule. Tous les noms qui suivent sont en rapport avec le gouvernement de Jésus. Ce sont des aspects de son caractère et de sa nature qui le qualifient pour gouverner. Le verset suivant dit:

A l'accroissement de son empire, et à la paix, il n'y aura pas de fin. (verset 7)

Remarquez que le mot 'gouvernement' est doublement souligné dans ce passage ('empire' ou 'souveraineté' en français, n.d.t.) et que la paix suit le gouvernement. Je crois que la véritable paix n'est possible que sous le gouvernement de Jésus-Christ. Ceux qui ne sont pas gouvernés par Jésus-Christ ne connaissent pas la paix -que cela concerne des individus, des familles, des nations, ou l'humanité toute entière. Si vous essayez d'avoir la paix sans le gouvernement de Jésus, vous allez être frustré. L'accroissement de son gouvernement, de son juste règne et de sa paix n'aura pas de fin.

Le passage suivant dit:

... sur le trône de David et dans son royaume... (verset 6)

Quel genre de gouvernement allait apporter le Messie? Un royaume. C'est très clair.

La proclamation du royaume

Pour se rendre compte de la mise en oeuvre de cette prophétie, nous allons nous tourner vers l'Evangile de Matthieu. Matthieu est le premier livre du Nouveau Testament et c'est l'Evangile du Roi -il mentionne très souvent le Roi et son royaume.

Regardons ce que nous pourrions appeler la proclamation du royaume, donnée par Jean Baptiste celui qui a été envoyé pour préparer le chemin de Jésus.

En ce temps-là parut Jean-Baptiste, il prêchait dans le désert de Judée. Il disait: "Repentez-vous car le royaume des cieux est proche". (Matthieu 3:1-2)

Je préfère traduire le mot "prêcher" par proclamer dans ce passage parce que le verbe grec original est directement relié au nom commun héraut. Que fait un héraut? Il proclame.

Pourquoi le royaume est-il introduit par la nécessité de la repentance? Parce que nous sommes tous par nature des rebelles à Dieu -chacun d'entre nous.

Nous étions tous errants comme des brebis, chacun suivait sa propre voie; et l'Eternel a fait retomber sur lui (Jésus) l'iniquité (rébellion) de nous tous. (Esaïe 53:6)

Nous suivons tous nos propres voies. Il n'y a pas d'exception. Nous n'avons pas tous commis de meurtre ou d'adultère, nous ne nous sommes pas tous livrés à la beuverie, mais personne d'entre nous n'échappe à la culpabilité de la rébellion en ayant suivi ses propres voies. La Bible dit très clairement que nos voies ne sont pas celles de Dieu. (Voir par exemple Esaïe 55:7-9.)

C'est pourquoi il n'est pas possible de revenir au gouvernement de Dieu à moins de se repentir. Encore une fois, la repentance n'est pas une émotion. C'est une décision. Cela signifie que vous revenez à la raison, que vous voyez la vérité sur vous-mêmes, que vous réalisez le genre de personne que vous êtes, le désordre qui règne en vous. Dans la parabole du fils prodigue, le fils part de chez son père et se retrouve dans une situation désastreuse jusqu'au moment où il retrouve la raison. (Voir Luc 15: 11-24.) Il nous faut faire la même chose. Nous devons retrouver la raison. Nous devons voir la vérité sur nous-mêmes. Nous sommes des rebelles par nature, rebelles par choix et de par nos oeuvres. Ceux qui ne se repentent pas n'ont pas accès au royaume de Dieu.

La repentance dit: "Seigneur, j'ai suivi ma propre voie. J'ai fait mes propres choix. J'ai cru ce que je voulais croire. J'ai suivi mes propres critères. J'ai peut-être été religieux, mais je ne me suis fait plaisir qu'à moi-même. J'en ai fini avec tout cela. Pardonne-moi. Me voici, Seigneur. Dis-moi ce que je dois faire et je le ferai.

Durant les années de conseil aux chrétiens, j'en suis arrivé à la conclusion qu'au moins 50 pour cent des problèmes des chrétiens étaient liés à un manque de repentance. Si ces chrétiens s'étaient vraiment repentis, la plupart de leurs problèmes n'existeraient plus. Une personne qui s'est repentie ne discute jamais avec Dieu. Elle dit simplement: "Me voici, Seigneur. Je suis désolé. Il n'y a rien que je puisse faire pour m'amender mais à partir de maintenant quoi que tu dises je le ferai." C'est cela la repentance.

Jean Baptiste a accompli sa course et il a été mis en prison alors que Jésus commençait son ministère public. Je crois que Jésus a fait à Jean-Baptiste le plus beau compliment qu'on puisse faire à quelqu'un. Il a commencé son ministère avec exactement les mêmes mots que Jean. Je ne vois rien qui m'honorerait davantage que le Seigneur faisant écho à ma prédication. Dans Matthieu 4:17, nous lisons:

Dès lors Jésus commença à prêcher et à dire: Repentez-vous car le royaume des cieux est proche.

C'est LE message. Personne n'a le droit ni de le tronquer ni de le pervertir.

La preuve du royaume

Nous en arrivons ensuite à la preuve du royaume. Continuons à lire dans Matthieu 4:

Jésus parcourait toute la Galilée, il enseignait dans les synagogues, prêchait la bonne nouvelle du royaume, et guérissait toute maladie et toute infirmité parmi le peuple. Sa renommée se répandit dans toute la Syrie. On lui amenait tous ceux qui souffraient de maladies et de douleurs diverses, des démoniaques, des lunatiques, des paralytiques et il les guérit. (Matthieu 4: 23-24)

Dans la terminologie actuelle, le verset 24 fait la liste de toutes sortes d'afflictions et d'infirmités - mentales, émotionnelles et physiques - qu'on peut connaître. Il est dit que Jésus guérit toutes sortes de maladies et d'infirmités. Pourquoi? Parce que c'était la preuve que le royaume de Dieu était venu.

C'est le point crucial de ce que je veux partager avec vous dans ce chapitre. J'en suis arrivé à la conclusion que le péché et la maladie ne peuvent pas exister dans le royaume de Dieu. Là où le royaume de Dieu est véritablement établi, le péché et la maladie sont bannis. Ils sont aussi incompatibles que la lumière et les ténèbres.

Dans une autre prophétie sur le Messie, dans Malachie 3: 20 dont nous avons parlé plus haut, l'Eternel dit: *Mais pour vous qui craignez son nom, se lèvera le soleil de la justice, et la guérison sera sous ses ailes.* Encore une fois, la lumière de Jésus produit deux choses: la justice et la guérison. Le contraire de la justice et de la guérison - le péché et la maladie - sont les oeuvres des ténèbres. La distinction est très claire.

Quand Jésus a envoyé pour la première fois ses disciples avec le message du royaume, il leur a dit:

N'allez pas vers les païens, et n'entrez pas dans les villes des samaritains; allez plutôt vers les brebis perdues de la maison d'Israël. En chemin, prêchez (proclamez) que le royaume des cieux est proche. (Matthieu 10:6-7)

Puisque "le royaume des cieux est proche" que faut-il faire?

Guérissez les malades, ressuscitez les morts, purifiez les lépreux, chassez les démons. (verset 8)

Que représente cette liste de commandements? C'est la preuve du royaume. Dieu ne s'est jamais attendu à ce que le monde croie le message sans preuve, et l'Eglise n'a jamais été autorisée à donner le message sans preuve. Quand il n'y a pas de preuve, il n'y a pas de royaume. C'est simplement une abstraction théologique.

Dans Matthieu 12:28, Jésus a donné cette vérité par une simple affirmation:

Mais si c'est par l'Esprit de Dieu que moi, je chasse les démons, le royaume de Dieu est donc parvenu jusqu'à vous.

Jésus a parlé du conflit entre les deux royaumes invisibles -le royaume de la lumière qui est le royaume de Dieu et le royaume des ténèbres qui est celui de satan. Le fait de chasser les démons par l'autorité de Jésus-Christ dévoile les deux royaumes et démontre la victoire du royaume de la lumière sur celui des ténèbres. C'est la preuve.

La prière du royaume

Nous en arrivons à la prière du royaume qui est souvent appelée le "Notre Père". Dans Matthieu 6, Jésus montre à ses disciples comment prier:

Voici donc comment vous devez prier: Notre Père qui es aux cieux, que Ton nom soit sanctifié. (Matthieu 6:9)

La première partie de la prière nous montre à qui nous nous adressons et l'attitude de respect que nous devons avoir quand nous nous approchons de Dieu le Père. Ensuite, quelle est la demande ou la priorité des priorités?

Que ton royaume vienne. (verset 10)

Et directement associé à cette priorité:

Que ta volonté soit faite sur la terre comme au ciel (verset 10)

Où doit venir le royaume? Sur la terre. La plupart des chrétiens pensent que le but de l'Evangile est de nous amener au ciel. Pas du tout. Le but de l'Evangile c'est d'amener le ciel sur terre. C'est ce que nous demandons chaque fois que nous prions le Notre Père. Si nous ne le croyons pas, nous ne devrions pas le prier, sinon, nous sommes des hypocrites. Laissez-moi vous poser une question. Croyez-vous que la volonté de Dieu puisse être faite sur la terre de la même manière qu'elle l'est au ciel? Si vous ne croyez pas cela, ne faites plus cette prière.

Toutes les autres prières sont secondaires par rapport à celle pour la venue du royaume de DIeu. Autrement dit, tous nos besoins personnels, nos désirs et nos problèmes doivent passer au second plan par rapport à la venue du royaume de Dieu. J'estime à environ 90 pour cent le nombre de chrétiens qui n'est pas dans cette relation avec Dieu et je crois que je sous estime le chiffre. La plupart des chrétiens mettent leurs volontés, leurs besoins et leurs propres problèmes avant la venue du royaume de Dieu. Ils mettent la charrue avant les boeufs.

La priorité du royaume

La phase finale, c'est la priorité du royaume, qui est très intimement liée à la prière du royaume. On la trouve aussi dans Matthieu 6:

Cherchez premièrement son royaume et sa justice, et tout cela vous sera donné par-dessus (tous vos besoins matériels et physiques.) (Matthieu 6:33)

Ce commandement nous aide à garder les bonnes priorités. Encore une fois le royaume de Dieu vient avant tout besoin ou problème personnel.

L'administrateur du royaume

Si nous répondons correctement au message du royaume, nous allons voir ses effets de façon concrète dans nos vies et dans nos corps. Pour remettre cette vérité dans son contexte, nous devons examiner l'affirmation de Jésus dans Luc 17:

Interrogé par les Pharisiens pour savoir quand viendrait le royaume de Dieu, il (Jésus) *leur répondit: Le royaume de Dieu ne vient pas de telle sorte qu'on puisse l'observer. On ne dira pas: voyez, il est ici ou Il est là. Car voyez, le royaume de Dieu est au-dedans de vous.* (Luc 17:20-21)

Le royaume dont Jésus parlait est d'abord invisible et éternel. Cela ne veut pas dire que le royaume de Dieu ne sera jamais visiblement établi. Mais, pour le moment, ce n'est pas un royaume visible, matériel ni terrestre. C'est un royaume invisible, intérieur et spirituel. La nature de ce royaume a été décrite par Paul en un verset:

Car le royaume de Dieu ce n'est pas le manger ni le boire (il ne s'agit pas de ce que vous mangez ou buvez ou ne mangez pas ou ne buvez pas mais de trois choses) *mais la justice, la paix et la joie par le Saint-Esprit.* (Romains 14:17)

Qu'est-ce qui vient en premier? La justice. Pourquoi? Jésus a dit: *Cherchez premièrement le royaume de Dieu et sa justice.* (Matthieu 6: 33) La Bible dit clairement qu'en dehors du royaume de Dieu il n'y a pas de justice. Ceux qui ne sont pas sous la royauté de Jésus sont rebelles. Vous pouvez être très religieux et pieux mais être rebelle. Et les rebelles n'ont pas de justice, pas de paix et pas de joie.

Je prêchais un jour sur ce sujet à Lakeland en Floride. Il y avait là une jeune femme qui avait grandi dans un milieu pentecôtiste mais elle était malade. Elle avait une tache au poumon. En m'entendant prêcher, le Saint-Esprit la convainquit. "Tu es pentecôtiste, mais tu es rebelle." Et elle se repentit.

Le royaume de Dieu est donc justice sous la royauté de Jésus. Vient ensuite la paix. Si votre coeur et votre vie sont aujourd'hui dans le désordre, vous devez vérifier votre état spirituel. La paix est le résultat de la justice. La joie vient ensuite. La majorité des chrétiens poursuivent la paix et la joie mais souvent négligent la justice. C'est une impasse. Cela ne vous mènera à rien. Recherchez la justice et laissez Dieu le Père s'occuper de la paix et de la joie.

Remarquez un facteur essentiel. C'est le Saint-Esprit. (Romains 14: 17) Ce n'est que là où le Saint-Esprit agit que les choses sont possibles. Le seul administrateur du royaume est le Saint-Esprit. Ce n'est pas une dénomination. Ce n'est pas une doctrine. C'est une réalité spirituelle. Beaucoup de gens ont le langage mais sans le Saint-Esprit, rien ne marche. Ce n'est que là où le Saint-Esprit agit que le royaume de Dieu fonctionne.

Implications physiques du message du royaume

J'aimerais finir ce chapitre en vous montrant comment le message du royaume peut avoir des conséquences physiques dans le domaine de la guérison.

L'un des problèmes particuliers que j'ai connu dans le ministère que Dieu m'a donné c'est la tension. Je me suis dit: "Dieu doit avoir une réponse à la tension. Si le royaume de Dieu est une réalité, alors là où il est établi il n'y a pas de tension parce que le royaume c'est la paix. Je ne dis pas que j'ai toute la réponse mais je vais partager avec vous ce que j'ai reçu.

Les tensions se manifestaient dans mon système digestif. Je crois que le problème a duré cinquante ou soixante ans. Parfois, vous avez des problèmes depuis si longtemps que vous pensez qu'ils font partie de vous. Mais je décidai que si le royaume de Dieu dirigeait mon système digestif, je n'aurais plus de tension. Comment le royaume de Dieu vient-il à nous? J'ai reconnu que le royaume de Dieu ne vient que par le Saint-Esprit. Il n'y a pas d'autre moyen.

Je vais vous poser une question. Oseriez-vous inviter le Saint-Esprit dans votre côlon? Ce qui est merveilleux avec Dieu c'est qu'il est si humble qu'il vient là où vous l'invitez. Encore une fois, vous pouvez vous habituer à un certain état physique et ne pas arriver à imaginer ce que serait votre vie sans. C'était mon cas. Pourtant, j'ai vécu un changement radical quand j'ai simplement dit: "Seigneur, je te donne mon système digestif. Je veux que le Saint-Esprit prenne le contrôle de chaque zone." Ce que je partage est simplement une petite application pratique pour que vous compreniez que je ne prêche pas une théorie. Dès que c'est possible, je vous parle de la réalité de façon très concrète.

J'aimerais partager avec vous une expérience personnelle. Un jour, alors que je sortais de chez moi, le Seigneur me parla. Je n'étais pas très spirituel. Je ne pensais à rien en particulier. Mon esprit était neutre, ce qui peut être propice pour que Dieu vous parle. Entre le moment où j'ai ouvert la porte pour sortir et où je l'ai refermée derrière moi, Dieu m'a dit: "Si tu adoptes le bon style de vie, tu peux être complètement en bonne santé."

Dans le chapitre qui suit, nous parlerons d'abord des méthodes de guérison de Jésus, puis du concept de mode de vie du royaume.

Chapitre 7

Les méthodes de guérison de Jésus
Comment Jésus guérissait-il?

Jésus guérissait les foules qui le suivaient

Je crois que la plupart d'entre nous avons une image incomplète du ministère de guérison de Jésus. Nous l'imaginons guérir des gens, surtout des individus. Il l'a certainement fait, mais il a aussi souvent guéri de nombreuses personnes en même temps. Jésus choisissait un endroit et un moment, amenait tous ceux qui voulaient être guéris là, et les guérissait tous jusqu'au dernier. Souvent, il demandait aux gens de le suivre pendant plusieurs jours avant qu'il n'accède à leurs besoins physiques.

Voici quelques exemples de la méthode employée par Jésus. Le premier se trouve dans Matthieu 12:14-15:

Les pharisiens sortirent et se consultèrent sur les moyens de le (Jésus) faire périr. Mais Jésus l'apprit et se retira de là. Beaucoup le suivirent il les guérit tous.

Qui Jésus a-t-il guéri? Des foules. Mais qu'ont-elles d'abord fait? Elles l'ont suivi. Elles n'ont pas été guéries là où elles étaient. Elles devaient partir vers une destination inconnue en le suivant jusqu'à ce qu'il décide de s'arrêter et commence le ministère de guérison.

Jésus guérit ceux qui n'ont pas d'autre option

Regardons ensuite à la première partie du passage de Matthieu 15:

Jésus quitta ces lieux (Tyr et Sidon) *et longea les rives de la mer de Galilée. Il monta sur la montagne et là, il s'assit. Alors de grandes foules s'approchèrent de lui avec des boiteux, des aveugles, des sourds-muets, des estropiés et beaucoup d'autres malades. On les déposa à ses pieds et il les guérit.* (Matthieu 15:29-30)

Imaginez-vous en train de monter une personne paralysée en haut d'une montagne! Soit vous avez la foi au moment où vous arrivez au sommet, soit vous n'y arriverez pas. Le passage dit ensuite:

Aussi la foule était-elle en admiration en voyant les sourds-muets parler, les estropiés trouver la santé, les boiteux marcher, les aveugles voir; et elle glorifiait le Dieu d'Israël. Jésus appela ses disciples et dit: j'ai compassion de cette foule; car voilà trois jours qu'ils restent avec moi et n'ont pas de quoi manger. (Matthieu 15:31-32)

Jésus venait de mener un service de guérison de trois jours et il n'y avait pas de rafraîchissement. Comprenez que nous parlons d'un niveau d'engagement complètement différent. Je peux très bien comprendre cela parce que j'ai exercé mon ministère dans le Tiers Monde. Les gens n'avaient pas d'autre solution. Il n'y avait pas d'hôpitaux. Il n'y avait pas de remède contre la malaria. Il n'y avait pas de vaccin contre le typhus ou la rougeole. Ils n'avaient pas d'autres options .C'était Jésus ou rien.

De même, dans Matthieu 19, nous découvrons la réponse à cette question "Pourquoi tant de gens sont guéris dans les pays du Tiers Monde?" L'une des raisons, c'est qu'ils n'ont pas d'autres choix, un peu comme les foules du temps de Jésus.

Lorsque Jésus eut achevé ces discours, il partit de la Galilée et se rendit aux confins de la Judée, au-delà du Jourdain. (un voyage de deux ou trois jours à pied) De grandes foules le suivirent, et là, il les guérit. (Matthieu 19:1-2)

Où Jésus guérit-il les foules? "Là". Au bout de deux ou trois jours de voyage. Comprenez-vous ce point? Ces versets nous donnent une image totalement différente du ministère de guérison de Jésus par rapport à celle que nous avons généralement.

Lors d'un de nos voyages dans une nation du Tiers Monde, ma femme Ruth et moi sommes allés dans ce que j'appellerais un service de guérison en masse - non par choix mais simplement sous la pression. C'était la seule façon concrète dont nous pouvions exercer le ministère de guérison. Tandis que je pensais combien c'était excentrique et peu orthodoxe, Dieu ouvrit mes yeux pour me montrer que c'était ainsi que Jésus faisait.

Quand vous vous concentrez sur la guérison et que c'est ce que vous allez faire, vous notez une attitude différente des gens. Quand nous avions un service de guérison, je disais aux gens que le but du service était unique: la guérison. Nous étions aussi concrets qu'un médecin ou un dentiste. C'était simple et nous utilisions différentes méthodes. Souvent je disais: "Ruth et moi nous allons rester ici tant que nous aurons des forces. Il est intéressant de noter que si nous avions exercé notre ministère durant cinq ou six heures nous voyions deux choses se passer dans la dernière heure. D'abord, il y avait un nombre de miracles exceptionnels, parce que les gens étaient désespérés. Ensuite, presque toujours, un nombre de jeunes gens venaient à la fin pour la prière. Souvent, ils n'avaient pas osé venir avant et avaient été retenus par leur sensibilité et leur désir de rester en arrière. Nous avons constaté de façon récurrente ces deux faits.

Jésus guérit ceux dont les coeurs crient vers Dieu

Dans ce contexte, j'aimerais relater un dernier incident que nous trouvons dans Matthieu 15 et qui nous donne une autre dimension du ministère de guérison de Jésus.

Jésus partit de là et se retira dans le territoire de Tyr et de Sidon. (Matthieu 15:21)

Jésus avait été en Galilée puis il s'était rendu à Tyr et à Sidon. Nous avons déjà vu que le voyage de retour avait dû prendre trois ou quatre jours. Ainsi, Jésus revient de Galilée en passant par Tyr et de Tyr en Galilée. Le Nouveau Testament relate une seule chose qu'il a faite à Tyr. Une chose seulement. Il n'y a aucune raison de croire qu'il ait fait autre chose. Nous voyons que Jésus a donné plus d'une semaine de son ministère pour une seule femme - une femme que nous avons déjà rencontrée. Lisons tout le passage:

Jésus partit de là et se retira dans le territoire de Tyr et de Sidon. Une femme cananéenne qui venait de ces contrées, lui cria: aie pitié de moi, Seigneur, Fils de David. Ma fille est cruellement tourmentée par le démon. Il ne lui répondit pas un mot; ses disciples s'approchèrent et lui demandèrent: renvoie-là car elle crie derrière nous. Il répondit: Je n'ai été envoyé qu'aux brebis perdues de la maison d'Israël. Mais elle vint se prosterner devant lui en disant: Seigneur, viens à mon secours. Il répondit: il n'est pas bien de prendre le pain des enfants et de le jeter aux petits chiens. Oui, Seigneur, dit-elle, pourtant les petits chiens mangent les miettes qui tombent sous la table de leurs maîtres. Alors Jésus dit: O femme, ta foi est grande, qu'il te soit fait comme tu le veux. Et, à l'heure même sa fille fut guérie. (Matthieu 15:21-28)

Il est utile de voir que Jésus n'a pas uniquement guéri des foules. Il est clair à partir de ce passage qu'il a passé une semaine de son précieux ministère pour aller visiter une femme non juive. Pourquoi aller là? L'histoire ne nous le dit pas, mais je vais vous donner mon opinion. J'ai appris durant mon ministère qu'il n'y a rien comme le cri vers Dieu d'un coeur désespéré. Je crois que ce cri ne reste jamais sans réponse.

Souvent, je me trouvais à des endroits où je me demandais: "Seigneur, comment suis-je arrivé là?" J'en concluais que j'avais cette occasion parce qu'il y avait un coeur qui criait à Dieu et à qui on ne pouvait pas ne pas répondre. Dieu changera toute l'histoire pour rencontrer une personne comme celle-là par le biais d'un ministère. N'est-il pas merveilleux?

En observant le ministère de Jésus et les méthodes qu'il utilisait pour la guérison en amenant le royaume de Dieu sur la terre, je voudrais maintenant partager les implications personnelles du royaume dans nos vies, en particulier en relation avec la guérison.

Etablir le royaume: ni maladie, ni rébellion

J'ai écrit à la fin du chapitre précédent que Dieu m'avait dit que je pouvais être complètement en bonne santé comme un reflet de son royaume dans ma vie. C'était une pensée attirante, de celles qui ont vraiment un sens pour moi. A cette époque, je méditais déjà sur les vérités du royaume de Dieu et j'ai découvert deux versets dans Esaïe 33 qui les expriment comme aucun autre. Ce sont des images prophétiques du royaume établi sur terre. Il n'a pas encore été pleinement établi sur terre mais je crois qu'il le sera. Les principes sont déjà vrais aujourd'hui et je vais vous les présenter.

Car l'Eternel est notre juge, l'Eternel est notre législateur, l'Eternel est notre roi, c'est lui qui nous sauve. (Esaïe 33:22)

Je crois que ce verset est une description du salut. Quand vous dites ces trois choses sur le Seigneur et que vous le dites pour vous personnellement - *l'Eternel est mon juge, l'Eternel est mon législateur, l'Eternel est mon roi* - vous avez le salut. Au verset 24, nous voyons les résultats de ce salut:

Aucun habitant ne dit: je suis malade. Le peuple qui demeure à Jérusalem reçoit le pardon de sa faute. (verset 24)

Quels sont les résultats du royaume établi dans notre vie? Pas de maladie et pas de rébellion. C'est complètement logique si vous y pensez. Il ne peut en être autrement. Sur la base de ce que nous avons appris sur le royaume de Dieu, il faut qu'il en soit ainsi.

Prenons un instant pour considérer ce que signifient ces affirmations: *le Seigneur est mon juge, le Seigneur est mon législateur, le Seigneur est mon roi.*

L'Eternel est mon juge

Quand nous disons "l'Eternel est mon juge", nous disons en fait: "Seigneur, dis-moi si j'ai raison ou tort. Ce n'est pas à moi d'en décider, mais à toi. Si tu me dis que c'est mauvais, c'est mauvais et peu importe ce que moi, j'en pense. Etes-vous prêt au jugement de Dieu sur votre vie ou cela vous effraie-t-il?

Je vais vous donner un exemple très concret du Dieu juge de nos vies. Il y a quelques années, je suis allé voir un film intitulé "The Frisco Kid", qui est le meilleur film et le plus drôle que j'aie jamais vu. Je l'ai particulièrement aimé parce qu'il y avait un thème juif. Je ne veux culpabiliser personne mais bien que je l'aie beaucoup aimé, j'ai décidé de ne plus le revoir à cause du langage utilisé. Le langage grossier n'était pas nécessaire et n'ajoutait rien à l'histoire. Mais je ne me suis pas senti libre de mettre le Saint-Esprit en présence d'un tel langage.

Si vous laissez le Seigneur être votre juge, vous serez surpris de voir de quelle manière cela affecte votre conduite. Il y a deux principes bibliques qui peuvent nous guider à cet égard: (1) Quoi que vous fassiez, faites-le pour la gloire de Dieu (voir 1Corinthiens 10:31) et (2) Quoi que vous fassiez, faites-le au nom du Seigneur Jésus-Christ (voir Colossiens 3:17. Vous n'êtes pas libre, bibliquement de faire des choses qui ne sont pas à la gloire de Dieu et dans le nom de Jésus-Christ. Cela ne m'intéresse pas et je n'ai pas non plus de temps à perdre en formalités et en religiosité. Ce qui m'intéresse c'est la réalité et que le Seigneur soit mon juge.

Le Seigneur est mon législateur

L'affirmation suivante, voilà là où le bât commence à blesser: "L'Eternel est mon législateur." En me basant sur l'hébreu de l'Ancien Testament, cette déclaration signifie que le Seigneur est celui qui décide de mon style de vie. Je crois que c'est exactement ce que cela signifie. Répondez-moi honnêtement: est-ce que c'est le Seigneur qui fixe votre style de vie? Vous pouvez avoir un mode de vie religieux dans lequel vous ne buvez pas certaines boissons, où vous n'allez pas dans certains endroits. Pourtant, ce n'est pas la réalité du mode de vie du royaume. J'ai connu tout cela. Je connais tous les tabous. Je les ai même enseignés! C'est du pur légalisme qui n'a rien à voir avec ce dont je parle.

Nos modes de vie sont construits autour de trois choses qui ne sont pas ouvertement spirituelles: le régime, l'exercice et le repos. J'en suis arrivé à la conclusion que vous ne pouvez pas vous attendre à être en bonne santé et à fonctionner efficacement si vous ignorez l'un de ces trois domaines. Vous pouvez par exemple vous remplir l'estomac de cochonneries mais tôt ou tard il va se rebeller. Cela prendra peut-être vingt ou trente ans mais cela vous rattrapera. C'est la même chose si vous maltraitez d'autres parties de votre corps.

Quand on a suspecté chez moi un possible cancer de la peau, je suis allé voir un très bon dermatologue en Floride qui est devenu un ami proche. Il m'a dit que la plupart d'entre nous avons eu le soleil dont nous avions besoin il y a vingt-cinq ans. Quand il m'a dit cela, j'ai fait un rapide calcul. Où étais-je vingt-cinq ans auparavant? J'étais à l'équateur. J'étais si fier de moi de ne même pas porter de chapeau. Vingt-cinq ans plus tard, cela m'a rattrapé.

Quand j'ai eu un petit problème, je suis allé voir un dermatologue juif orthodoxe à Jérusalem. Il me demanda: "Avez-vous été un adorateur du soleil?" J'ai réfléchi un moment et j'ai dû admettre que j'en avais été un. Il me dit: "Tu n'auras pas d'autre dieu devant ma face" et il disait vrai. (voir Exode 20:3) Quand les gens exposent leur peau jour après jour au soleil, je sais comment cela finit. Même si vous n'avez pas de cancer de la peau, quand vous aurez cinquante ou soixante ans vous aurez l'air d'un vieux sac avachi.

En ce qui concerne le régime et l'exercice, vous pouvez avoir de mauvaises habitudes depuis quarante ans mais à un moment donné votre tour de taille va vous dire que quelque chose ne va pas. C'est le premier avertissement. Quand j'étais plus jeune, je pouvais manger tout ce que je voulais sans jamais grossir. Mais vers quarante-cinq ans, j'ai remarqué un changement. Quand j'étais au Danemark en 1962, le Seigneur m'amena seul au sommet d'une falaise. Il me rappela toutes les choses que j'avais accomplies et où j'en étais et puis il me dit: "Es-tu satisfait ou veux-tu aller plus loin?"

Ce fut un choc pour moi parce qu'à ce stade (j'ai honte de le dire) je ne pensais pas pouvoir aller plus loin. Après tout, j'étais baptisé dans le Saint-Esprit, je prêchais, j'avais un ministère, je parlais en langues, je croyais au retour de Jésus-Christ... La question du Seigneur me retourna tellement que, durant trois jours, je ne lui ai pas répondu. Puis je remontai au sommet de la falaise et je dis: "Seigneur, je suis prêt à te répondre maintenant. Je ne suis pas satisfait." Quand j'ai dit cela, j'ai réalisé pour la première fois combien j'étais en fait insatisfait. (et combien la plupart de ceux qui exercent le ministère le sont aussi).

J'ai alors dit: "Seigneur, je ne suis pas satisfait. S'il y a quelque chose de plus je veux aller plus loin." Le Seigneur me donna une réponse immédiate: "Il y a deux conditions. La première: tout progrès dans la foi chrétienne se fait par la foi. La deuxième, tu prends trop de poids! Si tu veux accomplir le ministère que j'ai pour toi, tu dois y remédier. Tu as besoin d'un corps fort et en pleine santé."

Des années plus tard, en réfléchissant au ministère que le Seigneur avait ouvert devant moi je lui ai simplement dit: "Merci, Seigneur tu m'as averti à temps." Après cet avertissement, j'ai fait très attention à mon poids. Mais cela n'aurait pas été le cas si le Seigneur ne m'avait pas parlé à l'âge de quarante-sept ans pour m'avertir.

La troisième chose que je voudrais mentionner, c'est le repos. En fin de compte, le repos est aussi important que le régime ou l'exercice. Et c'est là que la plupart des chrétiens actifs ne sont pas en accord avec Dieu. A votre avis, qu'est-ce qui demande le plus de foi: travailler ou vous reposer? La réponse est le repos. Si vous ne savez que travailler, vous manquez de foi. J'essaie de me reposer quand le Seigneur me le dit. Cela ne veut pas dire que j'observe de façon légaliste le Sabbat car je vis dans la liberté accordée par Christ. Mais je me rends compte que si je prends le repos que Dieu m'ordonne quel que soit le jour ou le temps qu'il choisisse, j'accomplirai beaucoup plus de choses dans les périodes de travail que si je travaille tout le temps. On ne devrait pas avoir à rappeler ce principe aux chrétiens actuels mais pourtant c'est nécessaire.

Si vous dites: "Le Seigneur est mon législateur" vous devez aussi dire: "Seigneur, tu t'occupes de mon régime, de mon exercice et de mon repos." Etes-vous prêt à faire cela? Cela signifiera sans doute pour vous de grands changements.

L'Eternel est mon roi

La dernière qualification est "l'Eternel est mon roi." Cela signifie que vous dites: "Seigneur, quoi que tu me dises, je le ferai, tu es celui qui me dirige." C'est très important parce que ce n'est pas un système religieux. Si le Seigneur vous dit de vivre à Fort Lauderdale, vous ne serez pas juste à Miami. Vous pouvez suivre toutes les règles, aller à l'église, donner la dîme, faire tout cela, mais vous n'êtes pas juste. Si être juste signifie simplement suivre un système religieux, cela ne fait pas de différence. Mais quand vous en arrivez à une relation personnelle avec Dieu comme roi, le lieu où vous êtes est important. J'ai vu quand je conseillais les gens, beaucoup de personnes qui ne prospéraient pas dans leur vie chrétienne parce qu'elles n'étaient pas au bon endroit. Croyez-vous que Dieu ait un lieu géographique pour vous? Moi, je le crois.

Pour terminer notre discussion sur le mode de vie, regardons Luc 5:36:

> *Il* (Jésus) *leur dit aussi une parabole. Personne ne déchire d'un habit neuf un morceau pour le mettre à un vieil habit; autrement il déchire l'habit neuf et le morceau qu'il en a pris n'est pas assorti au vieux.*

C'est une parabole simple et concrète. En essayant de réparer un vêtement personne ne prend une nouvelle pièce pour simplement la coudre sur du vieux tissu. Mais je pense que c'est ainsi que beaucoup de chrétiens affrontent leurs problèmes. Ils disent: "Seigneur, j'ai une déchirure là. Donne-moi une pièce, une petite pièce de ton aide surnaturelle et je la mettrai dessus. Mais ne me demande pas de changer mon mode de vie. Ne me demande pas de mettre un nouveau vêtement."

J'ai été convaincu de cela en voyant les gens venir aux réunions de guérison. Après avoir écouté toutes sortes d'ordures, regardé des émissions de télé qui n'édifient pas, passé des heures au téléphone à jouer les commères avec leurs amis, ils viennent et prennent place dans la réunion de guérison. Comment pouvez-vous changer leur arrière plan dans un court laps de temps en particulier s'ils ressortent et vivent de la même façon? Tout ce qu'ils demandent c'est une petite pièce de la puissance surnaturelle de Dieu et une bénédiction sur leurs vieux vêtements.

J'en suis arrivé à la conclusion que Dieu ne va pas traiter avec nous de cette façon bien longtemps. Je suis étonné de la grâce qu'il montre envers les gens. Pourtant, si je comprends bien Dieu a peut-être fermé ses yeux sur l'ignorance dans le passé mais il commande maintenant à tout le monde partout de se repentir. (voir Actes 17:30-31) Que Dieu puisse vous aider à vivre vos jours. Qu'il vous permette d'accomplir les jours qui sont prévus pour vous. Cela vous demandera d'appliquer ce que j'ai partagé dans ce chapitre. Croyez-vous que cela soit vrai? Si vous le croyez, vous devez agir.

Le voulez-vous?

Le royaume de Dieu est un royaume avec une "sécurité sociale." Quand vous y êtes, tout est inclus. Dieu a fait une provision pour tous vos besoins. (voir par exemple, Jean 10:10; 16:24). Je voudrais vous suggérer, après que vous y ayez réfléchi un moment de prier: "Seigneur, je veux que tu sois mon Juge, mon Législateur, et mon Roi. Tu me dis ce qui est bon et ce qui ne l'est pas dans ma vie. Dis moi comment mon mode de vie doit être et j'obéirai à tes ordres."

Ne vous inquiétez pas si vous n'y arrivez pas à la perfection. Je vous demande simplement si vous voulez en faire votre but. Voulez-vous dire: "Seigneur, je vais dire ces choses parce que je voudrais qu'elles soient vraies pour ma vie?" Si vous voulez le faire, je vous suggère de répéter la prière qui suit de façon sincère en commençant par une déclaration de foi.

C'est un engagement sérieux. Je veux que vous le sachiez d'avance parce que cela va changer beaucoup de choses dans votre vie. Mais les changements seront tous positifs. Etes-vous prêt à suivre Jésus entièrement, comme les foules le faisaient de son temps, sans avoir d'autre solution? Etes-vous prêt à échanger votre mode de vie pour celui du royaume? Alors, s'il vous plaît, faites cette prière:

Seigneur Jésus-Christ, je crois que tu es le Fils de Dieu, et le seul chemin vers Dieu. Tu es mort sur la croix pour mes péchés et tu es ressuscité des morts. Je veux que tu sois mon Juge, mon Législateur et mon Roi à partir de maintenant. Je veux être pleinement dans ton royaume et sous ton autorité. Dans le nom de Jésus, amen.

Si vous êtes sérieux dans votre engagement, alors répétez encore une fois la prière.

Chapitre 8

La guérison, don du Saint-Esprit

L'un des passages clé auxquels nous nous sommes référés dans notre exploration du sujet de la guérison est Actes 4:29-30. Ce passage fait partie de la prière que les premiers disciples faisaient et c'est aussi une prière que nous devons faire quand nous demandons à Dieu de déverser sa puissance de guérison aujourd'hui.

Une prière puissante

Souvenez-vous que dans les jours de formation de l'église primitive, il avait été interdit aux apôtres de prêcher dans le nom de Jésus. (voir Actes 4:18) L'opposition religieuse et politique s'était centrée sur cet aspect essentiel de leur ministère.

Comme je l'ai déjà dit, je ne doute pas que satan ait inspiré ces dirigeants pour prendre cette décision parce qu'en essayant d'enlever aux premiers chrétiens le droit d'utiliser le nom de Jésus, ils essayaient d'enlever toute la puissance et l'autorité de l'Evangile. Toute promesse et toute provision de Dieu n'est disponible que par le nom de Jésus - que ce soit le pardon des péchés, la vie éternelle, la guérison des maladies, la délivrance des esprits méchants, la sainteté et tout le reste. (voir Jean 14: 12-14; 15:16; 16:23-24)

Comment l'Eglise a-t-elle affronté cette grosse crise? Comme on leur avait dit de ne pas prêcher dans le nom de Jésus, ils se sont mis en prière. L'Ecriture nous dit qu'ils se sont rassemblés, qu'ils ont élevé leurs voix d'un même coeur et qu'ils ont fait la prière qui se trouve dans Actes 4. Nous ne verrons pas ensemble toute la prière mais nous allons nous focaliser sur les deux derniers versets.

Encore une fois, je crois que cette prière est ratifiée et approuvée par Dieu. Tout d'abord, elle était faite à l'unisson par les apôtres et le reste de l'Eglise primitive. Ensuite, le Saint-Esprit a permis qu'elle soit retranscrite dans les Ecritures. Je crois que c'est toujours une très bonne prière et qu'elle continue à représenter l'esprit et la volonté de Dieu aujourd'hui.

Comme nous l'avons fait au premier chapitre, lisons une partie de la prière d'Actes 4. Je vous encourage à la faire vôtre comme un engagement pour que la puissance de guérison éclate dans votre vie.

Et maintenant, Seigneur sois attentif à leurs menaces, et donne à tes serviteurs d'annoncer ta parole en toute assurance: étends ta main pour qu'il se produise des guérisons, des signes et des prodiges, par le nom de ton saint serviteur Jésus. (Actes 4:29-30)

Avez-vous fait cette prière? Oseriez-vous être assez précis pour demander à Dieu de l'accomplir aujourd'hui? Oseriez-vous prier pour qu'Il fasse les choses qui sont dites dans ce verset de façon radicale dans votre vie? Quand vous osez être précis, Dieu prête attention à vos prières.

Les résultats de cette prière dans le ministère des disciples de Jésus furent puissants:

Quand ils eurent prié, le lieu où ils étaient assemblés trembla; ils furent tous remplis du Saint-Esprit et ils annonçaient la parole de Dieu avec assurance. ... Beaucoup de signes et de prodiges se faisaient au milieu du peuple par les mains des apôtres... Les multitudes d'hommes et de femmes qui croyaient au Seigneur augmentaient toujours plus. On apportait les malades dans les rues et on les plaçait sur des litières et des grabats, afin que, lors du passage de Pierre, son ombre au moins puisse couvrir l'un d'eux. La multitude accourait aussi des villes voisines de Jérusalem et apportait des malades et des gens tourmentés par des esprits impurs; et tous étaient guéris. (Actes 4:31; 5:12; 14-16)

Remarquez que les disciples étaient tous remplis du Saint-Esprit qui leur a permis de prêcher la parole de Dieu avec assurance et par qui, ils ont pu apporter la guérison et la délivrance aux gens. Encore une fois, nous voyons que la parole de Dieu est attestée par des signes et des prodiges. Nous devons réaliser que le ministère de guérison exige que nous permettions au Saint-Esprit d'apporter la preuve du royaume de Dieu à travers nous.

Dons du Saint-Esprit

Les dons du Saint-Esprit sont un des moyens par lesquels le Saint-Esprit administre les richesses du royaume de Dieu à travers Christ. Ce ne sont pas les seuls moyens mais c'est un des moyens pour y arriver et il serait utile de parler du ministère de guérison et de notre engagement personnel dans le contexte de ces dons.

Je vais vous enseigner très rapidement sur les dons de l'Esprit et vous donner quelques applications de ces dons spécifiquement en rapport avec la guérison et les miracles. Il n'est pas de mon propos de m'étendre sur l'un ou l'autre des dons bien qu'ils soient importants parce que cela prendrait trop de chapitres et nous voulons souligner ici la guérison. Pour commencer, regardons ce que Paul écrit dans 1 Corinthiens 12: 7:

Or à chacun la manifestation de l'Esprit est donnée pour l'utilité commune. (1 Corinthiens 12:7)

Les manifestations du Saint-Esprit sont disponibles pour chaque chrétien. (voir aussi 1 Corinthiens 12:31; 14:1) Aucun croyant ne devrait se passer des manifestations de l'Esprit. Elles sont données pour un but utile, pratique et bénéfique -pour faire le bien. Comme mon ami Bob Mumford le dit souvent: "Les dons du Saint-Esprit ne sont pas des jouets; ce sont des outils. Et sans les outils, vous ne pouvez pas travailler." Voici donc les dons:

Or à chacun la manifestation de l'Esprit est donnée pour l'utilité commune. En effet, à l'un est donnée par l'Esprit une parole de sagesse; à un autre une parole de connaissance, selon le même Esprit; à un autre, des dons de guérison, par le même Esprit; à un autre le don d'opérer des miracles; à un autre, la prophétie; à un autre, le discernement des esprits; à un autre, diverses sortes de langues; à un autre, l'interprétation des langues. Un seul et même Esprit opère toutes ces choses, les distribuant à chacun en particulier comme il veut. (1 Corinthiens 12:8-11)

Au début et à la fin de cette liste, Paul souligne que ces dons ou ces manifestations du Saint-Esprit sont pour chacun des croyants en particulier. Aucun ne doit être sans sa manifestation spécifique du Saint-Esprit prévue par Dieu pour lui. Si vous vivez sans les dons et les manifestations du Saint-Esprit dans votre vie, vous vivez en dessous de la volonté révélée de Dieu le Père pour vous en tant que croyant en Jésus-Christ et membre de son corps. Ce n'est pas la volonté de Dieu qu'aucun chrétien soit sans la jouissance et l'usage de ces dons.

Une vue d'ensemble des dons

Dans le passage ci-dessus neuf dons sont cités et ils peuvent se diviser en trois catégories, chaque catégorie comportant trois dons. Beaucoup d'enseignants bibliques connus ont déjà noté cela. Nous regarderons rapidement les trois catégories et les trois dons qui leur sont associés.[§]

La première catégorie concerne les dons de révélation.

La deuxième catégorie, concerne les dons oraux.

La troisième catégorie concerne les dons de puissance (à défaut d'une meilleure appellation).

Les dons de révélation

Commençons par les dons de révélation. Le premier don cité est *la parole de sagesse*. Là où la traduction dit "la parole de sagesse' le grec original dit "une" parole de sagesse. Je crois que c'est mieux ainsi. Dieu a toute la sagesse, mais heureusement pour vous et moi il ne la décharge pas sur nous en une seule fois. Si c'était le cas, nous serions submergés. Mais de temps en temps quand nous sommes dans la volonté de Dieu et que nous avons besoin de sagesse, une sagesse que nous ne pouvons pas avoir par des moyens naturels, là le Saint-Esprit nous communique surnaturellement une parole de sagesse divine.

Ensuite, vient la *parole de connaissance*. Encore une fois le grec original dit "une" plutôt que "la". La différence entre connaissance et sagesse est importante. La *connaissance* informe. La *sagesse* dirige. Ecclésiaste 10:10 dit : "... mais la sagesse a l'avantage du succès". La connaissance nous donne l'information, la sagesse nous dit quoi en faire.

Certaines personnes ont beaucoup de connaissance mais aucune sagesse pour l'utiliser. Nous avons besoin des deux et nous avons vraiment besoin de les combiner. Vous pouvez avoir beaucoup de sagesse, mais si vous n'avez pas les faits, vous ne pourrez pas agir en conséquence. Parfois, vous avez besoin d'une connaissance spécifique. Vous marchez dans les voies de Dieu en faisant sa volonté et vous

---

[§] Pour une étude plus complète sur les dons de l'Esprit, nous recommandons le livre 'Les dons de l'Esprit / le fruit de l'Esprit'.

arrivez à un point où vous avez besoin d'une connaissance que vous ne pouvez pas acquérir par les moyens naturels. A ce stade, le Saint-Esprit de Dieu vous communiquera de façon surnaturelle une parole de connaissance - encore une fois c'est juste une minuscule partie de la connaissance globale de Dieu.

Le troisième don de révélation est celui de *discernement des esprits*. Dans le grec original les deux mots de cette expression sont au pluriel. Donc il est écrit plutôt 'discernements des esprits' que 'discernement des esprits'. Cinq de ces dons sont au pluriel. Je crois que tout discernement est un don. Autrement dit, chaque fois que vous êtes capable de discerner, c'est un don individuel. C'est pourquoi le don collectif est discernements des esprits.

Discerner, c'est reconnaître et distinguer entre. Par exemple, vous reconnaissez et vous distinguez les différentes sortes d'esprits avec lesquels vous êtes confrontés dans votre vie chrétienne. Il y en a beaucoup. Il y a le Saint-Esprit et il est très important de le discerner. Certaines personnes ne discernent pas le Saint-Esprit - elles ne le reconnaissent pas quand il est à l'oeuvre. Parfois elles l'excluent. Les manifestations du Saint-Esprit sont parfois très inattendues. Certains groupes ont prié pour que le Saint-Esprit vienne et quand il est venu, il l'a fait de telle sorte qu'ils ne l'ont pas reconnu et qu'ils l'ont rejeté.

Il y a des esprits angéliques - de bons anges et des anges méchants. Les discernements d'esprits s'occupent des deux catégories. Dans Actes 27, quand Paul était sur un bateau dans la tempête, un ange de Dieu l'a visité. Apparemment, la seule personne qui a reconnu l'ange c'était Paul. Personne d'autre n'a discerné la présence de l'ange.

Puis, il y a le discernement des démons ou des mauvais esprits. Il y a beaucoup de catégories de mauvais esprits. Parfois nous devons être capables de discerner entre les catégories ou simplement reconnaître un esprit mauvais. Souvent, les esprits mauvais vont essayer de contrefaire le Saint-Esprit - ça a été l'un des problèmes de certains mouvements. Certains chrétiens ont été leurrés par ces contrefaçons et ont attribué au Saint-Esprit ce qui est en fait l'oeuvre de mauvais esprits. Ils l'ont fait involontairement, sans le savoir à cause de leur manque de discernement. Nous devons donc être capables de discerner la présence, l'activité et l'action des mauvais esprits.

Puis il y a l'esprit humain qui est différent de tous les autres. Jésus a discerné en Nathanaël un esprit franc. (voir Jean 1:47) Ce sont certains exemples de la façon dont les discernements des esprits peuvent opérer dans la pratique chrétienne.

Les dons oraux

Nous allons maintenant aborder les dons oraux. Le premier est *la prophétie*, qui est une manifestation donnée par le Saint-Esprit à travers une personne dans un langage compris par la personne qui parle et par ceux à qui elle est donnée. La prophétie n'est pas une prédication inspirée. C'est une manifestation surnaturelle du Saint-Esprit.

Le don suivant est celui du *parler en langues*. Dans la version française il est parlé de "diverses sortes de langues" (1 Corinthiens 12:10) ou "diversité de langues" (1 Corinthiens 12:28) mais le grec est identique dans les deux versets. Remarquez encore une fois que les deux parties sont au pluriel: des sortes de langues.

Selon moi, ce don ne se réfère pas à la "langue inconnue" que les chrétiens utilisent pour communiquer avec Dieu dans leur culte personnel. (voir par exemple 1 Corinthiens 14:2). C'est un ministère public dans l'assemblée et il existe différentes sortes de langues. Non pas différents langages, mais différents usages ou fonctions de la langue en public. Je vais vous en donner quatre sans les commenter: l'intercession, la louange, la réprimande et l'exhortation. Si le message dans une autre langue est une exhortation, alors elle doit être interprétée dans un langage connu pour être efficace.

Le troisième don est celui de *l'interprétation*, que je décrirai comme l'interprétation des langues.

Les dons de puissance

Premier don de puissance: la foi

Le dernier groupe est celui des dons de puissance. Le premier de ces dons est celui de la foi. Je voudrais vous faire remarquer qu'on parle de différents dons de foi dans le Nouveau Testament.

Tout d'abord il y a celui qui est appelé la foi pour notre vie de tous les jours. Romains 1:17 dit: *Le juste vivra par la foi*. Tout chrétien doit avoir ce genre de foi - la foi qui fait vivre tous les jours. Toute votre vie chrétienne est basée sur la foi en Jésus-Christ et sur la parole de Dieu. Ce genre de foi vient selon ce qui est écrit dans Romains 10:17: *La foi vient de ce qu'on entend et ce qu'on entend vient de la parole de Dieu.*

Puis, il y a la foi qui est un fruit du Saint-Esprit. Le fruit du Saint-Esprit est cité dans Galates 5:22-23. Les neuf caractéristiques du fruit de l'Esprit selon la version française sont: "l'amour, la joie, la paix, la patience, la douceur, la bonté, la foi, la bienveillance, la maîtrise de soi." Le septième dans la liste est 'la foi'. Le fruit est en relation avec le caractère. Le fruit de l'Esprit représente différents aspects de la totalité du caractère chrétien. Et le fruit ne vient pas tout seul. Il doit être cultivé, il ne vient pas instantanément.

Nous pouvons voir la différence entre le don de foi et le fruit de foi très clairement quand nous considérons la différence entre un arbre de Noël et un pommier. Un arbre de Noël a des ornements et des cadeaux. Un pommier porte du fruit. Vous pouvez mettre un cadeau sur l'arbre de Noël instantanément et l'enlever de la même manière. C'est ainsi qu'on reçoit les dons de l'Esprit: instantanément. Mais vous ne pouvez avoir une pomme sur un pommier instantanément. Il faut un processus de croissance. Si on veut manger une pomme, il faut la cultiver. C'est le caractère chrétien: le fruit de l'Esprit. C'est un processus. Dans le monde des affaires, vous ne pouvez pas commercialiser un fruit qui n'a pas été cultivé et Dieu ne s'intéresse pas non plus au fruit non cultivé.

Le fruit de la foi est un aspect du caractère chrétien. Je le définis comme une confiance sereine, ferme, régulière qui ne peut être ébranlée, qui ne s'énerve pas, qui n'est pas dérangée. Je suis sûre que vous serez d'accord pour dire que ce type de foi doit être cultivé. Cela ne se fait pas en cinq minutes. Mais quand vous avez déjà traversé quinze crises, et que vous restez calme et serein à la seizième en sachant que Dieu a le contrôle, alors je crois que vous manifestez le fruit de l'Esprit.

A l'inverse, le don de foi est une foi surnaturelle. C'est la propre foi de Dieu. Ce don est très similaire à celui de la parole de sagesse ou de connaissance. Souvenez-vous que nous avons dit que les dons de sagesse et de connaissance ne représentent qu'une infime partie de la sagesse et de la connaissance de Dieu. De même, le don de la foi est simplement une petite partie de la foi que Dieu nous communique surnaturellement. Tout ce que Dieu a fait, il l'a fait par la foi. Dieu a créé l'univers par la foi. Par sa propre parole ... *car il dit et la chose arrive, il ordonne et elle existe.* (Psaume 33: 9) La foi est divine, créative et irrésistible.

A un certain moment, Jésus a maudit un figuier et dans les vingt-quatre heures il a séché à partir des racines. Il n'a pas imposé les mains au figuier, il ne l'a pas oint, il lui a simplement parlé. Quand Pierre a fait un commentaire en disant que le figuier avait séché en vingt-quatre heures, Jésus a dit à ses disciples *Ayez la foi de Dieu.* (voir Marc 11:22) C'est la traduction correcte. *Ayez la foi de Dieu.* C'est ce dont nous parlons: le don de la foi. C'est une petite graine de moutarde de foi divine semée dans notre coeur. Et quand vous l'avez, vous êtes aussi efficace que Dieu lui-même. Peu importe que Dieu ait parlé au figuier ou que vous, vous lui parliez -il devra sécher parce que c'est la foi de Dieu qui vous permet de parler.

D'ailleurs, ce n'est pas la quantité de foi qui est importante mais la qualité. Jésus a dit que tout ce qu'il nous fallait c'était d'avoir une foi de la taille d'une graine de moutarde pour déplacer une montagne. Dans la plupart des cas, la foi agit à travers une parole prononcée comme la foi de Dieu l'a fait: *Il dit et la chose arrive; Il ordonne et elle existe.* Il dit: *Que la lumière soit; et elle fut.* (Genèse 1:3) C'est la foi de Dieu. Quand vous l'avez, vous êtes invincible. Quand la foi de Dieu vous quitte, vous êtes de nouveau avec vos seules capacités humaines. Le don de foi est généralement une petite communication de la foi divine pour un but spécifique que Dieu veut que nous accomplissions.

Les dons de puissance 2 et 3: les guérisons et les miracles

Nous en arrivons aux deux autres dons de puissance et il est bon de les considérer ensemble: *les dons de guérisons et les dons d'opérer des miracles.* Remarquez encore une fois que les deux parties sont au pluriel pour ces deux dons. Les dons des guérisons et les dons d'opérer des miracles. J'ai l'impression que chaque guérison est un don et chaque miracle est une action. Chaque fois qu'il y a une guérison, c'est un don.

Il est important pour nous de comprendre la relation entre les guérisons et les miracles. Les guérisons sont essentiellement en rapport avec les maladies. Si un corps est malade, alors la puissance de guérison de Dieu par l'opération d'un don agit sur cet état de maladie, l'enlève et le remplace par la santé. Les guérisons sont souvent invisibles. Elles ne sont pas toujours accomplies par un acte unique mais sont souvent progressives. La puissance de guérison peut agir sur une certaine période de temps.

D'un autre côté, les miracles vont plus loin que les guérisons. Si vous souffrez des otites de façon chronique, la puissance de guérison de Dieu peut vous libérer de ces otites. Mais si on vous a enlevé chirurgicalement votre oreille moyenne, vous n'en avez donc plus, et on ne peut donc pas guérir une oreille moyenne qui n'est plus là. Mais un miracle créateur peut restaurer une oreille moyenne, et je l'ai déjà vu.

Pour prendre un autre exemple, qui est plutôt controversé, si vous avez un trou dans la dent, vous ne pouvez pas guérir un trou. Mais un miracle créateur de Dieu peut remplacer la cavité. Vous pensez peut-être que c'est étrange mais si je devais témoigner devant un tribunal je témoignerai que je l'ai vu se produire. J'ai vu une fois une cavité sombre se remplir d'or jaune en à peu près soixante secondes - sans aucune intervention humaine. J'ai assisté à tout le processus dans la bouche d'une personne du début à la fin. C'est un miracle. J'espère que vous êtes d'accord!

Il y a des années de cela, j'ai rencontré une luthérienne à Minneapolis qui m'a dit: "Le Seigneur a comblé ma dent." Quand elle m'a donné son témoignage je lui ai demandé si je pouvais regarder. Elle a tiré sur sa gencive; la dent que j'ai vue était recouverte d'une sorte de porcelaine. C'était magnifique et elle s'ajustait parfaitement aux contours de la dent. Je lui ai demandé ce qu'en avait pensé son dentiste. Elle me répondit: "Le dentiste a dit qu'il n'utilisait pas ce genre de matériau!" Cette même femme avait également deux vertèbres cervicales complètement désagrégées et le Seigneur les a totalement restaurées. Ce sont deux miracles créateurs, l'un pour sa dent, l'autre pour son cou.

Les ministères prévus dans l'église

Maintenant que nous avons vu les dons cités dans 1 Corinthiens 12:7-11, regardons à présent 1 Corinthiens 12:28, qui cite les ministères prévus dans l'église.

Et Dieu a établi dans l'Eglise premièrement des apôtres, deuxièmement des prophètes, troisièmement des docteurs; ensuite il y a (le don) des miracles, puis *les dons de guérir, de secourir, de gouverner, de parler diverses sortes de langues.*

Dans 1 Corinthiens 11, 12, et 14 quand Paul écrivait sur "l'église", on en déduit qu'il parlait de l'assemblée publique officielle du peuple de Dieu. Il dit que Dieu a prévu certains dons dans l'église avec un ordre spécifique. Il mentionne huit ministères dans le verset ci-dessus, les trois premiers étant les apôtres, les prophètes et les docteurs.

Ce sont les trois ministères principaux qui ont autorité dans l'assemblée. Le point commun c'est que ce sont des ministères de la Parole. Souvenez-vous que la Parole est l'autorité suprême dans l'assemblée du peuple de Dieu. Tout le reste est soumis à l'autorité de la Parole et doit être jugé selon les critères de la Parole.

Après les apôtres, les prophètes et les docteurs, les deux suivants de la liste sont ceux qui ont le don des miracles et de guérisons. Je crois que si nous respectons l'ordre du Nouveau Testament, chaque assemblée du peuple de Dieu correctement constituée devrait avoir ceux qui exercent le don d'opérer des miracles et ceux qui exercent les dons de guérisons. Ils font partie de ce que Dieu a prévu dans l'assemblée de son peuple. Le Nouveau Testament suppose qu'ils seront toujours présents.

Accorder l'Esprit

Pour plus de lumière sur la place des miracles dans l'église, regardons Galates 3:5:

Celui qui vous accorde l'Esprit et qui opère des miracles parmi vous, le fait–il donc parce que vous pratiquez la loi, ou parce que vous écoutez avec foi?

Paul supposait que dans l'assemblée il y aurait au moins une personne qui ferait ces choses. Premièrement il recevrait l'Esprit permettant aux gens de recevoir le don ou le baptême ou le Saint-Esprit. C'est un ministère fondé et je crois que nous en avons grandement besoin. J'ai rencontré des gens qui ont été dans des églises durant cinq ou dix ans et qui m'ont dit avoir cherché le Saint-Esprit. Pourquoi? Parce que personne ne savait comment exercer ce ministère. Vous ne devriez pas chercher plus de cinq ou dix minutes si vous êtes correctement enseignés.

Notre problème, c'est que nous avons mal commencé. Ce n'est pas une critique; simplement une constatation. Souvent, la méthode communément acceptée pour que les gens soient baptisés dans le Saint-Esprit, est de prêcher un sermon émotionnel pour amener une atmosphère où les gens peuvent venir devant. Ils s'agenouillent et commencent à prier sans aucune instruction. Pour chaque personne agenouillée, il y en a trois derrière les pressant, et leur imposant les mains pour 'faire couler' le Saint-Esprit en eux! Après un moment, parmi les murmures des voix, vous entendez une personne parler en langues. Pourtant, ce n'est pas là le modèle divin. Le modèle divin consiste à exercer le ministère de l'Esprit par l'écoute de la foi. Autrement dit, j'instruis les gens sur la nature du don, les conditions pour le recevoir et comment le recevoir. Puis je les conduis dans la prière, ils s'en imbibent, et ils le reçoivent. Je passe rarement plus de cinq minutes à prier avec les gens pour qu'ils reçoivent le Saint-Esprit. Je leur dis souvent: "Si vous n'êtes pas prêt revenez quand vous le serez." C'est ainsi qu'on exerce le ministère de l'Esprit.

Opérer des miracles

Paul présente l'autre aspect du ministère dans Galates 3:5. C'est le don d'opérer des miracles. J'aimerais vous faire remarquer qu'il y a une réelle place pour ce don dans l'église d'aujourd'hui. Paul suppose que dans l'assemblée de l'église il y a quelqu'un qui opère des miracles. Cette personne opère des miracles de la même façon qu'elle exerce le ministère de l'Esprit -par l'écoute de la foi. Nous opérons des miracles par l'écoute de la foi.

Regardons un texte fascinant qui se trouve dans Actes 19:11-12:

Et Dieu faisait des miracles extraordinaires par les mains de Paul, au point qu'on appliquait sur les malades des linges ou des étoffes qui avaient touché son corps; alors les maladies les quittaient, et les esprits mauvais sortaient.

Savez-vous quel est le mot qui me fascine? C'est le mot "extraordinaire" ou "inhabituel". Pensez à ce qu'impliquent ces mots. Les miracles étaient la norme dans l'église, mais certains miracles étaient inhabituels, et certains même spéciaux. Ce passage m'a toujours poussé à me poser cette question: "Dans votre église, les miracles sont-ils normaux?" Les miracles étaient la norme dans l'Eglise primitive mais ceux qui sont relatés dans Actes 19 étaient spéciaux. Ils étaient inhabituels; au-delà de la norme.

Nous allons garder ce fait en mémoire quand nous en arriverons aux témoignages dans le chapitre onze en partageant comment le Seigneur m'a conduit à opérer des miracles de guérison.

Chapitre 9

Les barrières invisibles à la guérison

J'ai vu des milliers de personnes guéries au cours des années mais j'ai aussi remarqué que certains enfants de Dieu ne reçoivent pas la guérison. Comme nous l'avons dit au premier chapitre, la raison pour laquelle les gens ne sont pas guéris reste un mystère seulement connu de Dieu. *Les choses cachées sont à l'Eternel, notre Dieu; les choses révélées sont à nous et à nos fils, à perpétuité, afin que nous mettions en pratique toutes les paroles de cette loi.* (Deutéronome 29:29)

Les choses que nous ne pouvons ni expliquer ni comprendre sont des secrets qui n'appartiennent qu'à Dieu. Mais il y a d'autres choses qui sont révélées, qui nous appartiennent, que nous pouvons recevoir pour agir.

Il y a certaines barrières à la guérison que nous pouvons clairement identifier et que le Saint-Esprit va nous permettre de comprendre pour les enlever afin que nous puissions recevoir la guérison que Christ a prévue pour nous.

Guidé par l'Esprit de vérité

L'un des titres du Saint-Esprit, est l'Esprit de vérité. Jésus a dit:

Quand il sera venu, lui, l'Esprit de vérité, il vous conduira dans toute la vérité; car ses paroles ne viendront pas de lui–même, mais il parlera de tout ce qu'il aura entendu et vous annoncera les choses à venir. Lui me glorifiera, parce qu'il prendra de ce qui est à moi et vous l'annoncera. Tout ce que le Père a, est à moi; c'est pourquoi j'ai dit qu'il prendra de ce qui est à moi, et vous l'annoncera. (Jean 16:13-15)

Tout ce que le Père a est investi dans le Fils. Toute la richesse du Père et du Fils est administrée par le Saint-Esprit. L'Esprit est l'intendant, le gardien de la réserve. Mieux vaut pour nous être son ami! Soyons ouverts quand il nous enseigne sur la façon de recevoir ce qui vient de la réserve.

Les barrières ne sont pas du côté de Dieu

Au cours des années d'exercice de mon ministère auprès des malades, j'ai découvert que les obstacles à la guérison n'étaient pas du côté de Dieu. Quand Jésus est mort, le voile du temple s'est déchiré en deux de haut en bas montrant ainsi notre accès à Dieu à travers Christ. Les barrières du côté de Dieu ont été enlevées. (Voir par exemple Matthieu 27:50-51). Souvenez-vous que la croix est le lieu de rencontre entre Dieu et l'homme.

Pourtant, j'ai appris par expérience que les barrières à la guérison perdurent souvent dans le coeur et la vie du peuple de Dieu. Que vous cherchiez la guérison pour vous-mêmes ou pour d'autres, vous devez être conscient de ces barrières et les éliminer. J'ai découvert qu'ainsi on gagne beaucoup de temps en exerçant le ministère de guérison.

Sept barrières à la guérison

Je vais traiter systématiquement sept barrières communes qui empêchent les gens de recevoir la guérison. Il peut y en avoir d'autres, mais c'est celles que j'ai identifiées.

Permettez-moi de vous dire que le processus que nous allons enclencher dans ce chapitre est un peu le même que quand vous allez chez le médecin. Il y a quelques années, le médecin n'aurait fait qu'écouter votre coeur, vous aurait tapoté dans le dos et vous aurait dit d'ouvrir la bouche en disant "Ah". Puis il vous aurait donné des comprimés. Cette image est simplifiée, mais en général le médecin fait son diagnostic. Aujourd'hui, quand vous allez chez le médecin, il vous prescrit une analyse de sang ainsi que d'autres tests à faire au laboratoire. Puis quand les résultats arrivent, il identifie les zones qui posent problème et il les traite. Du point de vue spirituel, nous allons être soumis à des tests, pour identifier et éliminer tout problème en rapport avec la guérison. Ces sept étapes sont très concrètes - aussi concrètes et systématiques que chez le médecin.

En progressant dans les barrières, nous prierons pour être pardonnés et délivrés afin que nous puissions être libres de recevoir la grâce de Dieu dans la guérison.

L'ignorance de la parole et de la volonté de Dieu

Je suis désolé de dire que l'ignorance de la parole de Dieu et de sa volonté est une barrière très courante à la guérison dans l'Eglise aujourd'hui. De nombreux chrétiens ne connaissent pas les vérités et les enseignements clairs et simples de la Bible, la parole de Dieu. Dans Esaïe 5:13, l'Eternel dit:

C'est pourquoi mon peuple sera déporté faute de connaissance.

Pas de connaissance de la parole de Dieu. Pas de connaissance de ce qui a été accompli par la mort de Jésus sur la croix. L'ignorance.

Dans Osée 4:6, l'Eternel dit quelque chose de similaire:

Mon peuple périt faute de connaissance.

Dans ce que j'ai présenté tout au long de ce livre, je crois avoir posé un fondement pour la connaissance de la parole de Dieu et pour la provision de Dieu à travers Christ pour la guérison qui peut dissiper toute ignorance des Ecritures. Pourtant, pour ôter cette barrière potentielle et être libéré de la captivité, confessons ensemble à Dieu notre péché et notre ignorance - le fait que nous n'avons pas cherché Dieu, que nous n'avons pas étudié sa parole, que nous n'avons pas pris de temps pour découvrir ce que Dieu dit comme nous l'aurions dû. Nous devons demander à Dieu de nous pardonner. Et nous devons nous engager autant que possible à chercher à connaître la parole et la volonté de Dieu. Je vous invite à dire cette courte prière avec moi. Voulez-vous dire ces paroles?

Seigneur, je reconnais que dans bien des cas et c'est ma faute, j'ai été ignorant de ta parole et de ta volonté. Je le confesse comme un péché. Je m'en repens. Je te demande de me pardonner et de m'aider à chercher la vérité avec plus d'ardeur à partir de maintenant. Dans le nom de Jésus, amen.

L'incrédulité

La barrière suivante est quelque part reliée à la première, et elle est aussi commune dans l'église de façon alarmante. C'est l'incrédulité. Dans beaucoup d'églises nous considérons l'incrédulité comme une faiblesse sans conséquence. "Je ne crois pas, mais après tout, est-ce que Dieu me le demande vraiment?"

Le Nouveau Testament n'appelle pas l'incrédulité une faiblesse sans conséquence. Elle l'appelle péché. Quand nous voyons cette vérité, nous sommes prêts à nous débarrasser de l'incrédulité et à ouvrir la voie par la croyance en Jésus pour recevoir ce qu'il a pour nous. Le passage suivant des Ecritures s'adresse spécifiquement aux chrétiens:

Prenez donc garde, frères, que personne parmi vous n'ait un cœur méchant et incrédule, au point de se détourner du Dieu vivant. Mais exhortez–vous chaque jour, aussi longtemps qu'on peut dire: Aujourd'hui! afin qu'aucun de vous ne s'endurcisse par la séduction du péché.

Remarquez que l'auteur appelle l'incrédulité "méchanceté" et "péché". En traitant ces états spirituels, nous devons remplacer le négatif par le positif. Tout d'abord, demandons au Seigneur de pardonner notre incrédulité. Il n'y a personne, même pas moi qui n'aie pas besoin de demander pardon pour l'incrédulité. Nous renonçons à ce péché; puis nous proclamons notre foi très simplement. Nous proclamons notre foi en Dieu, en Jésus-Christ en l'Esprit et en la parole de Dieu. Faire cela peut changer tout l'état d'esprit pour la guérison. A partir de là, il peut y avoir une atmosphère de foi.

Demandons donc à Dieu de nous pardonner pour notre incrédulité puis proclamons notre foi.

Seigneur je viens à toi au nom de Jésus et je confesse mon péché d'incrédulité. Je n'essaie pas de m'excuser mais j'admets que j'en suis responsable. J'en suis désolé, et j'y renonce. Je te demande de me pardonner, de me délivrer de ce péché d'incrédulité et de me communiquer ta foi. Je veux faire cette déclaration: je crois en Dieu le Père; je crois en Dieu le Fils, Jésus-Christ: je crois en Dieu le Saint-Esprit; et je crois en la Bible - la Parole divine de vérité et d'autorité. Seigneur Jésus, je crois ce que tu as dit: "La parole de Dieu est la vérité." (voir Jean 17:17)

Le péché non confessé

La troisième barrière n'est pas dans la vie de tout le monde mais de beaucoup de personnes: le péché non confessé. Proverbes 28:13 pose un principe fondamental:

Celui qui dissimule ses fautes ne réussit pas. Mais celui qui les confesse et les délaisse trouve de la compassion.

Vous pouvez essayer d'obtenir du succès de bien des manières mais s'il existe un péché caché et non pardonné dans votre vie, alors vous ne prospérerez pas comme vous le souhaiteriez. Je suppose que dans la vie de beaucoup d'entre nous il y a des péchés qui n'ont pas été reconnus. Ils n'ont pas été confessés et vous ne vous en êtes pas repentis. Ils ont été dissimulés, cachés.

En parlant avec les gens de la confession du péché qui est si importante, j'ai découvert que beaucoup de gens pensent en effet: "Si je ne confesse pas mes péchés à Dieu Il ne les connaîtra jamais." J'ai vraiment vu beaucoup de gens qui pensent comme cela. Permettez-moi de vous dire quelque chose: Dieu sait déjà. Quand vous lui avez dit le pire sur vous-mêmes, vous ne l'avez pas choqué. Il savait tout avant que vous ne le lui disiez.

Dieu ne vous demande pas de vous confesser pour découvrir ce que vous avez fait. Il vous demande de vous confesser parce qu'en le faisant, il peut vous aider. Vous comprenez? C'est pour votre bien; ce n'est pas pour qu'il en soit informé. Je dis souvent aux jeunes gens: "Il y a des choses que vous ne pourrez jamais dire à vos parents parce que vous en seriez embarrassé et honteux. Mais vous pouvez le dire à Dieu, il ne sera jamais gêné d'entendre vos confessions. Il désire vous pardonner et vous libérer de vos péchés." N'est-ce pas merveilleux?

Dès maintenant, saisissez l'occasion dans la présence du Saint-Esprit de voir s'il y a quelque péché non confessé dans votre coeur ou dans votre vie. Laissez Dieu vous montrer s'il y a quelque chose que vous avez fait ou dit qui n'était pas bon et sur lequel vous ne vous êtes jamais arrêté. Cela a pu se passer il y a des années mais le Saint-Esprit vous le rappellera.

Puis très simplement, confessez tout péché que le Saint-Esprit vous montre. Répondez en disant: "Seigneur, je reconnais ce péché. Je suis désolé et je m'en détourne. Pardonne-moi et purifie-moi dans le sang de Jésus." La Bible dit: *Si vous confessez vos péchés, Il est fidèle et juste pour vous les pardonner et pour vous purifier de toute iniquité.* (1 Jean 1:9) Si vous le confessez, Dieu s'est engagé dans sa fidélité et sa justice à vous pardonner et à vous purifier.

Peu importe ce que vous avez sur la conscience ou sur votre coeur. Maintenant si vous confessez votre ou vos péchés avec foi dans la fidélité de Dieu, alors ce sera comme si vous n'aviez jamais commis un péché de votre vie. Quand Dieu pardonne nos péchés, Il les efface. Il ne nous les brandit plus à la face. *C'est moi, qui efface tes crimes pour l'amour de moi et je ne me souviendrai plus de tes péchés.* (Esaië 43:25) Souvenez-vous, vous n'êtes pas seulement pardonné, mais vous êtes aussi purifié. Il n'y a rien entre vous et Dieu à cet égard à partir de ce moment. Dites à voix haute: "Merci, Seigneur parce que tu m'as pardonné. Je reçois ton pardon. Amen."

Il y a encore une chose que vous devez faire. Vous devez vous pardonner à vous-même. Parfois, c'est le plus difficile. Dites au Seigneur: "Comme tu m'as pardonné, je me pardonne à moi-même."

Manque de pardon envers les autres

La barrière suivante est en étroite relation avec le besoin de se pardonner. C'est une attitude de manque de pardon envers les autres.[**] Cette attitude est aussi très courante dans le corps de Christ. Jésus a dit: "Et lorsque vous êtes debout en prière, si vous avez quelque chose contre quelqu'un, pardonnez, afin que votre Père qui est dans les cieux vous pardonne aussi vos fautes. (Marc 11:25)

Jésus disait que quand nous sommes dans une attitude de prière nous devrions nous demander avant de commencer à prier si nous avons quelque chose contre quelqu'un. Il dit cela parce que si nous prions avec du ressentiment et un manque de pardon dans notre coeur, ces choses seront des barrières à la réponse à nos prières. Vous voulez avoir une bonne communication avec Dieu et être ouvert pour recevoir ce pour quoi vous priez? Avant de prier, pardonnez ce que vous avez sur le coeur contre quelqu'un et ne laissez rien. Ensuite, vous pourrez prier.

Le pardon n'est pas une émotion mais une décision - une décision de la volonté. J'ai expliqué à des gens que c'est comme si on avait une reconnaissance de dette envers quelqu'un. Pardonner, c'est la déchirer. Un jour, alors que j'enseignais, je me suis adressé aux femmes de l'auditoire maltraitées ou abandonnées par leurs maris. Je leur ai fait

---

[**] Voir aussi la brochure 'La barrière du non pardon'.

remarquer que même si elles avaient été très mal traitées, elles devaient avoir une attitude de pardon envers leur époux. Je leur dis: "Vous avez peut-être en votre possession une reconnaissance de dette de votre mari qui n'a pas été honorée: je te dois l'amour; je te dois le soutien; je dois prendre soin de toi; je dois pourvoir à tes besoins dans différents domaines." Ces reconnaissances de dette sont absolument légales et vous pouvez les garder. Mais avant de le faire, souvenez-vous que Dieu, dans le ciel a entre ses mains votre reconnaissance de dette envers lui. Et Il vous dit ceci: "Faisons un marché. Tu déchires ta reconnaissance de dette et je déchire la mienne. Mais si tu gardes la tienne, je garde la mienne."

Dans la parabole du serviteur impitoyable, Jésus compare la proportion de ce que les autres nous doivent par rapport à ce que nous devons à Dieu. Si quelqu'un vous doit dix-sept euros, vous devrez à Dieu l'équivalent de six millions d'euros. (voir Matthieu 18:22-25) Vu sous cet angle, ce n'est pas être très spirituel que de pardonner aux autres - c'est voir où se trouve notre intérêt! Quelqu'un qui s'accrocherait à dix-sept euros au lieu d'être libéré de six millions d'euros n'a aucun sens des affaires, c'est le moins qu'on puisse dire!

En parlant à ces femmes et à d'autres personnes qui étaient dans la salle, je continuai: "Si vous voulez que Dieu déchire votre reconnaissance de dette, alors vous devez déchirer la vôtre, que ce soit celle de votre mari, de vos parents, ou de quelqu'un d'autre." Quand j'ai fini mon message, je ne savais pas vraiment ce que j'allais faire ensuite. C'est alors qu'au milieu de l'allée une jeune femme très bien habillée d'environ trente ans, s'est approchée. Elle était très calme et très chic. Cette jeune femme marcha jusqu'à moi et me regarda droit dans les yeux. Elle était radieuse et elle me dit: "Monsieur Prince, je veux juste vous dire que tandis que vous prêchiez je me suis débarrassée de près de trente mille dollars de reconnaissance de dette." Puis, elle tourna les talons et partit. Elle avait compris le message. Elle n'avait pas besoin de conseil, ni de prière. Elle avait fait ce qu'il fallait et elle était libre.

Prenons quelques instants pour traiter le ressentiment et le manque de pardon dans nos coeurs. Demandez au Saint-Esprit de vous montrer s'il y a quelque racine d'amertume cachée en vous. La Bible dit que si une racine d'amertume produit des rejetons, plusieurs peuvent en être infectés. (voir Hébreux 12:15) Puis, vous allez prendre la décision de déchirer ces reconnaissances de dette.

Si vous êtes jeune, vous trouvez peut-être que vos parents ne vous ont pas traité correctement. Malheureusement, c'est souvent vrai aujourd'hui. Mais laissez-moi vous dire que le premier commandement qui est accompagné d'une promesse est: "Honore ton père et ta mère" (Ephésiens 6:2). Encore une fois, c'est une question d'intérêt. Vous n'avez pas à être d'accord avec tout ce qu'ils ont fait, mais vous devez avoir envers eux une attitude de respect. Je n'ai jamais connu de chrétien réellement béni par Dieu qui ait une mauvaise attitude envers ses parents, jamais. C'est une condition essentielle à la bénédiction de Dieu.

Je ne parle pas ici seulement d'une mauvaise attitude envers les parents, les maris ou les femmes, mais ce sont les relations les plus courantes dans lesquelles on trouve le manque de pardon. Encore une fois, demandez au Saint-Esprit de vous montrer s'il y a des domaines où il y a un manque de pardon dans votre coeur:

Saint-Esprit, je te demande maintenant dans le nom de Jésus de parler à mon coeur. Montre-moi s'il y a dans mon coeur de l'amertume, du ressentiment, un manque de pardon et donne-moi le désir de pardonner.

Le Saint-Esprit peut vous donner un ou des noms spécifiques ou vous montrer une situation. Faites maintenant cette prière:

Seigneur, s'il y a eu du ressentiment, un manque de pardon, ou de l'amertume dans mon coeur, j'y renonce maintenant. Je le dépose. Si quelqu'un m'a blessé ou m'a fait du tort, je pardonne maintenant comme toi, tu m'as pardonné. Je prends la décision de déchirer maintenant toutes les reconnaissances de dette en ma possession. Je pardonne dans le nom de ton Fils Jésus et je crois que tu me pardonnes. Merci Seigneur.

Engagement dans l'occultisme

La barrière suivante, qui est aussi très courante aujourd'hui, est celle de l'engagement dans l'occultisme - être ou avoir été engagé dans des choses comme la voyance, les planches ouija, les horoscopes ou dans tout autre domaine de superstition et de cultes sataniques qui ont envahi notre culture contemporaine. Invariablement ces pratiques sont des barrières à la guérison. Souvent, quand Ruth et moi recevons les gens pour la guérison, nous voyons le voile sombre de l'occultisme sur leur vie, qui se met entre eux et la guérison qu'ils recherchent.

Il y a de nombreuses formes d'occultisme. La plupart des musiques contemporaines, le hard rock et les autres, sont vraiment sataniques. Il y a en elles une puissance satanique. Si vous vous y êtes exposé, vous pouvez avoir besoin de délivrance. L'occultisme peut aussi prendre la forme de l'abus de drogue. Je ne vais pas vous donner une liste exhaustive mais je vais faire confiance au Saint-Esprit pour qu'il vous montre s'il y a un domaine qui pose problème chez vous.

Avant de renoncer à l'occultisme et de prier pour le pardon, j'aimerais vous raconter une histoire qui illustre mon propos. J'enseignais à un certain endroit, et arrive le moment où Ruth et moi allions prier pour les malades. Une jeune femme d'environ dix-huit ans vint pour la prière. En regardant ses yeux, nous y avons vu une expression vitreuse, ce qui est presque toujours le signe d'un engagement dans l'occultisme. Nous voulions l'aider à être délivrée avant de prier pour sa guérison. Alors nous lui avons demandé si elle avait été en contact avec l'occultisme. Elle répondit par la négative. Je sentais qu'elle était sincère, mais je voulais en être certain. Je lui demandai si elle n'avait pas été voir une voyante, ou si elle avait joué avec des planches ouija. Non, rien de tout cela. "Avez-vous lu votre horoscope?" Non. Mais il y avait encore cette barrière. C'est alors que Dieu donna à Ruth une parole de connaissance: la musique rock. La fille tomba à plat sur le dos sans que Ruth ne prie pour elle. C'était cela, la barrière. Après cela, elle pouvait être guérie.

Le pas suivant consiste à renoncer à tout contact avec l'occultisme. Dans Exode 23, Moïse donne des instructions aux enfants d'Israël sur la façon de traiter les formes d'adoration et de religion qui étaient dans le pays de Canaan avant qu'ils ne s'y installent. Il les avertit qu'ils ne devaient avoir aucune part avec de telles pratiques sataniques:

Tu ne te prosterneras pas devant leurs dieux, et tu ne les serviras pas; tu n'agiras pas comme ils agissent, mais tu les abattras, et tu briseras leurs stèles. (Exode 23:24)

Autrement dit, il ne devait y avoir aucune association avec aucune de ces pratiques occultes. C'est sur cette base que Moïse leur donna les promesses:

> Vous servirez l'Eternel, votre Dieu; il bénira votre pain et votre eau, et j'écarterai la maladie du milieu de toi. Il n'y aura dans ton pays ni femme qui avorte, ni femme stérile. Je te ferai parvenir à un âge avancé. (Exode 24:25-26)

Quelles merveilleuses promesses! Pas de stérilité, pas de fausses couches, pas de problèmes féminins, pas de maladies, et la garantie d'une longue vie. Qui ne voudrait de cela? Mais ne sortons pas les promesses de leur contexte. Elles ne sont que pour ceux qui brisent tout lien avec l'occultisme sous quelque forme qu'il soit.

Il y a des années, j'étais dans une réunion de prière de maison traditionnelle et je me trouvais assis à côté d'un jeune homme. Je lui parlais et je lui demandais s'il était baptisé dans le Saint-Esprit. Il me répondit: "Oui, mais..." Quand on vous répond:"oui, mais..." à cette question, cela signifie: "je ne parle pas en langues."

Je n'ai pas discuté de cela avec lui et je n'avais pas de plan spécifique. Je lui demandais simplement: "Etes-vous déjà allé voir une voyante?" "Oui" me répondit-il, "alors que j'avais environ quinze ans. Mais c'était juste pour m'amuser. Je n'y croyais pas." Je lui répondis: "Vous y êtes allé." Il me répondit par l'affirmative. Alors je lui demandais s'il voulait reconnaître devant Dieu que c'était un péché et lui demander de lui pardonner et de le libérer des conséquences de ce péché. Je ne crois pas qu'il ait été impressionné par mes arguments. Mais juste pour que je le laisse tranquille, il a accepté. Je l'ai conduit dans cette simple prière: "Seigneur, je confesse que je suis allé voir une voyante. Je n'aurais pas dû. Je réalise que c'était un péché et je te demande de me pardonner et de me libérer des conséquences de cet acte. Dans le nom de Jésus." J'ai ensuite posé ma main sur lui et j'ai prié pour lui et il s'est mis à parler couramment en langues. C'était la barrière invisible.

L'engagement dans l'occultisme n'est pas simplement une barrière aux dons de l'Esprit mais c'est aussi une barrière à la guérison. Je dirais que cela touche 50 pour cent des chrétiens. Ce nombre peut paraître élevé mais l'influence de l'occultisme est si subtile de nos jours. Il est présent de tant de façons dans notre société. Vous pouvez entrer dans une boutique de souvenirs et sans le savoir acheter une petite idole et la ramener chez vous comme objet de décoration.

C'est sérieux. Il y a quelques années, j'exerçais mon ministère envers une femme à Falls Church en Virginie, qui était juge à la court suprême de l'Etat de Virginie. Dans un prochain chapitre je vous dirai comment elle a été miraculeusement guérie. Après sa guérison, une amie à elle a gagné un voyage au Mexique dans un concours. Elles sont allées à Mexico en vacances mais quand elles sont revenues l'amie nous a téléphoné à ma femme et à moi dans un état de désespoir profond. Elle m'a dit: "Mon amie vient d'essayer de se suicider. Venez nous aider." Nous sommes vite partis et nous sommes allés discuter avec elles. Apparemment, rien n'avait changé. Je leur demandai si elles avaient été à Mexico. Elles me dirent que oui. Je leur demandai alors si elles avaient rapporté des souvenirs avec elles. La juge dit: "Oui, j'ai rapporté une image ronde. Je lui demandai ce que représentait cette image. C'était le dieu soleil et je lui expliquai que c'était là son problème. "Vous êtes sous une malédiction parce que vous avez apporté un objet maudit chez vous. La Bible dit que si vous apportez chez vous des objets maudits, vous êtes maudits tout comme ces objets." (voir Josué 7)

C'était une femme d'action. Elle se leva, prit l'image ronde par le socle et la brisa en petits morceaux et les mit à la poubelle. C'était fini; elle n'eut plus d'autre problème. Mais cela lui a presque coûté la vie. C'est très réel. Dieu a une grande haine de l'idolâtrie. Je ne crois pas que nous comprenions combien Dieu hait l'idolâtrie.

Vous avez maintenant l'occasion de renoncer à tout engagement occulte. Si vous avez été engagé dans l'occultisme, et que vous avez réglé ce problème devant Dieu, vous êtes libre. Mais si vous ne l'avez pas fait, laissez le Saint-Esprit reposer sur vous un instant et vous parler. Il a une grande mémoire. Il peut vous ramener vingt ans en arrière pour vous montrer quelque chose de votre passé.

Faites cette prière, mais ne faites pas que lire les paroles. Que vous puissiez reconnaître ces choses devant Dieu:

Seigneur, si j'ai été engagé dans l'occultisme, même par ignorance, quoi que ce soit, je le confesse comme un péché et j'y renonce. Je te demande de me pardonner et je m'engage à ne plus jamais m'engager en connaissance de cause dans l'occultisme. Pardonne-moi Seigneur, et libère-moi de cette influence dès maintenant. Je te demande aussi de me garder à partir de maintenant de l'influence subtile de l'occultisme dans tous les domaines de ma vie, afin que je n'y sois plus jamais soumis en connaissance de cause. Dans le nom de Jésus, amen.

Les alliances impies

Nous voyons une autre barrière liée à l'occultisme, qui est décrite dans le même chapitre de l'Exode:

Tu ne concluras pas d'alliance avec eux, ni avec leurs dieux. (Exode 23:32)

Il est possible d'entrer dans une alliance avec des gens qui suivent de faux dieux. Si vous faites cela, vous devenez coupable du même péché que ces gens et leurs faux dieux. Cela peut vous paraître lointain et abstrait mais je vais vous en donner un exemple. Certains d'entre vous vont peut-être s'en offenser mais je le dis avec amour parce que je sais que c'est vrai. Il existe un groupe d'alliance très courant, une société secrète qui prévaut dans le monde anglophone, mais laquelle est également très répandue en France, c'est la franc-maçonnerie. Si vous êtes engagé dans la franc-maçonnerie, vous êtes sous une malédiction - non seulement vous mais aussi votre famille et vos descendants. Je parle par expérience. Ruth et moi l'avons rencontrée; nous l'avons traitée et nous sommes arrivés à la racine. La franc-maçonnerie est un faux système religieux. Et quoi qu'on en dise, elle n'est pas secrète. La plupart des cérémonies de la franc-maçonnerie sont connues et ont été publiées par des gens qui ne sont pas francs-maçons.

Pour ne vous citer qu'un exemple, l'Arche Royale maçonnique reconnaît un dieu qui s'appelle Jabulon. Ja est l'abréviation de Jéhovah, bu est celle de Baal, et on celle d'Osiris - le dieu égyptien des enfers. Tout système d'adoration qui mélange le véritable Dieu avec Baal et Osiris est en abomination aux yeux de Dieu. Peu importe qui le pratique même si c'est l'archevêque de Canterbury. Dieu ne fait pas de favoritisme.

Nous avons vu les conséquences les plus terribles dans la vie des gens à cause de cette malédiction. Je vais vous en donner un exemple spectaculaire. Nous tenions un service de guérison en Australie et un matin, une jeune femme est venue devant qui avait apparemment été dans une secte et qui semblait tout juste en sortir. Elle avait un nouveau-né dans ses bras. Nous lui avons demandé pourquoi elle venait. "Pour mon bébé" fut sa réponse. Ce bébé avait l'air d'avoir six jours mais sa mère nous dit qu'il avait six semaines. Nous lui avons demandé quel était le problème et elle nous dit: "Elle ne mange pas. Je n'arrive pas à lui donner plus d'une cuillerée de lait."

Ruth et moi avons imposé les mains à la maman et tandis qu'elle tenait le bébé dans ses bras, la puissance de Dieu est descendue sur elle. Elle est tombée par terre et Ruth a saisi le bébé de ses bras. Puis Dieu donna à Ruth une parole de connaissance. Elle dit: "Le père de cet enfant est franc-maçon." Ceux qui s'occupaient de la jeune femme par terre chassèrent l'esprit de franc-maçonnerie et il sortit d'elle par un long cri perçant. Mais ce qui est terrible, c'est qu'en même temps, le même cri sortit du bébé que Ruth tenait dans ses bras.

Six heures plus tard, la jeune mère revint au service du soir avec le petit bébé. Elle nous dit: "Je veux juste vous dire qu'entre ce matin et ce soir, elle a pris trois biberons entiers!" Merci à Dieu pour cela. Mais ce bébé n'aurait jamais été guéri si la malédiction de la franc-maçonnerie n'avait pas d'abord été brisée.

Si vous êtes engagé dans la franc-maçonnerie, soit directement soit par votre mari, votre père ou tout autre membre de votre connaissance, vous devez faire une prière de renonciation. Il y a aussi beaucoup d'autres sociétés secrètes similaires et d'organisations sataniques dans le monde aujourd'hui. Si vous êtes engagé dans l'un de ces groupes, je vous demande dans le nom du Seigneur Jésus d'y renoncer maintenant. Vous devez le faire aussi si vous l'étiez auparavant, mais que vous n'êtes plus actif maintenant.

Seigneur Jésus-Christ je veux te servir et t'aimer. S'il y a dans ma vie ou dans ma famille une malédiction de la franc-maçonnerie, ou d'autres sectes, je te demande de m'en libérer, de me pardonner, et de briser son pouvoir sur moi dès maintenant, dans le nom de Jésus. Amen.

Les effets d'une malédiction

La dernière barrière dont je voudrais vous parler c'est les effets d'une malédiction. Il y a des indications d'une malédiction sur la vie d'une personne ou de sa famille. Si certaines de ces choses s'appliquent à vous ou à des membres de votre famille, il y a probablement une malédiction sur vous. La bonne nouvelle, c'est que Jésus s'est fait malédiction afin que nous puissions être rachetés de la malédiction et recevoir la bénédiction. (Voir Galates 3:13-14) Même ainsi, la plupart du temps nous devons renoncer spécifiquement à la cause de la malédiction et proclamer la libération.††

Voici dans la liste qui suit les indices courants d'une malédiction

1. Un arrière plan de problèmes émotionnels et mentaux dans votre famille.

2. Des maladies chroniques, en particulier celles qui sont héréditaires parce que la caractéristique de la malédiction, c'est qu'elle se transmet de génération en génération.

3. Des fausses couches et des problèmes féminins à répétition. Lorsque Ruth et moi prions pour ce genre de besoin, nous le traitons automatiquement comme une malédiction. Une fois fait, nous avons vu de nombreuses femmes stériles capables de concevoir et porter un enfant et nous avons vu beaucoup de femmes ayant des problèmes gynécologiques guéries. Les tumeurs et les autres problèmes gynécologiques disparaissent quand on lève la malédiction.

4. Les divorces et les séparations. Si votre famille a un arrière plan de mariages brisés et que les différents membres de la famille sont en guerre les uns avec les autres, vous pouvez être pratiquement sûr que c'est une malédiction.

5. Le manque d'argent chronique; ne jamais réussir à sortir du syndrome de la pauvreté.

6. Etre sujet aux accidents. Vous êtes de ceux que les accidents guettent. Vous descendez le trottoir et vous vous cassez la cheville. Vous fermez la portière de la voiture sur vos doigts. J'ai remarqué qu'avec de telles personnes quand elles étaient sur le point d'être délivrées, elles trébuchaient. C'est étonnant. Lors de services de délivrance que j'ai tenus par le passé, des gens étaient prêts à faire 160

---

†† Pour une étude complète sur ce sujet, nous vous recommandons le livre 'Bénédiction ou malédiction, à vous de choisir!

km pour venir mais la voiture est tombée en panne sur le chemin, et ils n'ont jamais pu arriver. Pourquoi? Parce que c'était une malédiction.

7. Des suicides ou des morts suspectes

Si vous êtes sous une malédiction, qu'elle puisse se lever quand vous allez prier. Vous pouvez devenir une personne différente. Une malédiction est comme une ombre noire qui semble toujours planer sur vous. Ou comme une main du passé qui vous retient. Chaque fois que vous allez réussir, elle vous fait trébucher. Si je devais choisir un mot pour décrire les effets d'une malédiction, ce serait "frustration". J'ai vu beaucoup de personnes qui avaient toutes les qualités pour réussir, pourtant chaque fois qu'elles étaient sur le point d'y arriver, quelque chose clochait. C'était le fait d'une malédiction.

Le Saint-Esprit est capable de venir à bout de n'importe quelle malédiction dans votre vie. Prenez un moment pour réfléchir sur votre vie. Regardez en arrière. Considérez si elle porte la marque de ce que je viens de décrire. Puis faites cette prière:

Merci Seigneur parce que sur la croix tu as été fait malédiction afin que je sois racheté de la malédiction et que je puisse entrer dans les bénédictions. A cause de ce que tu as fait, je me libère de toute malédiction sur moi et sur ma famille dans ton nom précieux, et je proclame la bénédiction que tu as acquise pour moi par ton sang. Merci Seigneur Jésus.

Certaines maladies sont provoquées par des esprits mauvais

Il existe un autre fait dont vous devez être conscient. Parfois, la maladie est causée ou est associée à la présence d'esprits mauvais comme nous l'avons vu dans l'exemple de la jeune mère et de son bébé. Souvent, celui qui a le ministère de guérison chasse aussi les mauvais esprits. Cela ne se fait pas dans certaines églises mais Jésus a chassé les mauvais esprits lorsqu'il était sur terre et il le fait encore. Regardons un exemple biblique:

Après le coucher du soleil, tous ceux qui avaient des malades atteints de divers maux les lui amenèrent. Il (Jésus) *imposa les mains à chacun d'eux et les guérit. Des démons* (des esprits mauvais) *aussi sortaient de beaucoup de personnes, en criant.* (Luc 4:40–41)

Remarquez qu'en plus d'imposer les mains aux malades pour la guérison, il chassait les démons. Quand la puissance surnaturelle de Dieu agit les esprits mauvais ne peuvent plus rester; ils doivent sortir.

Association directe

Les démons sont associés à la maladie de deux façons principales. La première, en étant la cause directe de la maladie. Il y a des esprits d'infirmité, de douleur, d'invalidité, de mort pour ne nommer que ces quatre là à qui nous avons souvent affaire. Par exemple, la courbure ou la déformation de la colonne vertébrale est souvent causée par un esprit d'infirmité. Pour qu'une personne qui a cette maladie soit délivrée, il faut obligatoirement chasser l'esprit d'infirmité.

Jésus a rencontré une femme qui était courbée et qui ne pouvait pas se redresser. Il n'a pas traité son problème comme une maladie physique. Mais il a dit qu'elle était liée par un esprit d'infirmité depuis dix-huit ans. Il l'a déliée de cet esprit et immédiatement, elle s'est redressée. (Voir Luc 13:10-16)

J'ai traité les quatre mauvais esprits que j'ai mentionnés plus haut. L'esprit de mort est très courant. Il rend une personne infirme ou faible et la fait mourir prématurément. Une telle personne a souvent une vision morbide de la vie. Elle aura tendance à voir les côtés sombres des choses et à s'habiller en noir. On sent la morosité en elle. J'ai dû dire à plusieurs femmes de ne plus porter de noir. Vous pouvez trouver que ce conseil est étrange; je ne suis pas en train de dire qu'on ne doit pas porter de noir. Mais pour certaines personnes il n'est pas sage de porter du noir à cause de l'association d'idée.

Ruth et moi avons probablement traité des centaines de cas de personnes qui avaient besoin de délivrance de l'esprit de mort. Comme toujours, nous avons découvert qu'il fallait remplacer la mauvaise chose par la bonne. L'esprit de mort peut entrer quand on est découragé, démoralisé, oppressé et qu'on se dit: "Je pourrais tout aussi bien être mort. J'aimerais être mort. A quoi bon vivre?" En disant cela vous invitez l'esprit de mort à venir et à investir les lieux. Et cet esprit n'a pas besoin qu'on le lui dise deux fois. L'une des choses les plus dangereuses qu'on puisse dire c'est "J'aimerais être mort."

Les esprits émotionnels

La deuxième façon dont les esprits mauvais sont associés à la maladie c'est à travers ce que j'appellerai les esprits émotionnels. Ils ne provoquent pas directement la maladie mais une attitude en vous qui vous rend incapable de recevoir la guérison. Le plus courant est le rejet, qui nous fait dire: "Personne ne m'aime vraiment", "Je n'ai jamais été désiré", "Mes parents n'ont pas pris soin de moi", "Mon mari m'a abandonné" ou bien "Quand je rentre dans une pièce, tout le monde s'arrête de parler". Ce genre de choses. J'aimerais vous dire qu'environ 50 pour cent des gens en Amérique, mais aussi en France aujourd'hui ont un problème de rejet parce que les parents ont échoué avec leurs enfants, les maris ont échoué avec leurs femmes, et les femmes ont échoué avec leurs maris. Ils ont besoin d'une guérison émotionnelle. Parfois quand une personne vient pour la guérison physique Dieu s'intéresse davantage à la guérison émotionnelle que physique.

L'esprit de chagrin est aussi courant. Il vient en général après une tragédie personnelle. Il y a également l'esprit de dépression - mais aucun chrétien ne le connaît n'est-ce pas? Et aussi un esprit de tension. Souvent, quand les gens souffrent du dos, cela vient d'un esprit de tension. Quand ils sont libérés de la tension, la douleur a tendance à s'en aller. Il y a beaucoup d'autres esprits liés aux émotions mais cela vous donne déjà une idée.

Vous avez maintenant l'opportunité d'annuler tout ce que vous avez dit de négatif sur vous-mêmes. Dans le Psaume 118:17, le psalmiste déclare:

Je ne mourrai pas, je vivrai et je redirai les oeuvres de l'Eternel.

C'est une décision positive. Répétez-le jusqu'à ce que vous soyez rempli de foi positive. Je vous suggère de vous lever et de le dire parce que c'est important quand on affirme quelque chose d'être debout pour dire: "Je ne vais pas m'écraser devant le diable. Je ne vais pas le laisser piétiner mes émotions et mes attitudes." Peut-être voudrez-vous faire aussi cette déclaration à un autre chrétien.

Une fois que vous avez fait cette déclaration, dites: "Loué sois-tu Seigneur Jésus. Merci Seigneur Jésus. Gloire à ton nom. Victoire par le sang de l'agneau et par le nom de Jésus. Amen et amen."

Chercher la guérison

Maintenant que nous avons identifié et traité les barrières invisibles à la guérison, nous pouvons chercher la guérison du Seigneur. Jésus a dit: *Voici les signes qui accompagneront ceux qui auront cru: en mon nom, ils... imposeront les mains aux malades et les malades seront guéris.* (Marc 16:17-18) L'Ecriture ne dit pas que tous seront instantanément guéris. Encore une fois, parfois la guérison est instantanée et parfois elle est progressive. Mais malgré cela, la guérison vient.

Quand j'ai rencontré Ruth, elle était couchée sur le dos - pratiquement invalide. Je lui ai imposé les mains, j'ai prié pour elle et j'ai dit: "Maintenant, reste branchée. Garde la prise branchée sur la puissance de Dieu." Je lui ai dit que pour cela il fallait le remercier sans cesse jusqu'à ce que la guérison soit totale. C'était en juin. Elle est restée branchée jusqu'en novembre et au cours du mois de novembre, sa guérison était complète. Elle avait un disque fissuré et sa colonne vertébrale était déformée depuis l'enfance. Maintenant, elle n'a plus de disque fissuré et sa colonne est droite. Mais elle n'a pas vécu un miracle instantané. Il a été progressif.

Vous pouvez être guéri instantanément ou recevoir un commencement de guérison. Si cela commence, restez branché. Si vous dites que vous n'avez pas été guéri et que rien ne s'est passé, savez-vous ce que vous faites?

Vous débranchez la prise. Si vous dites: "Dieu m'a touché, et je vais continuer à le remercier jusqu'à complète guérison," cela va arriver.

Enfin, examinez régulièrement votre vie à la lumière des barrières invisibles à la guérison dont nous avons parlé dans ce chapitre, en particulier en ce qui concerne l'incrédulité, le péché non confessé, et le manque de pardon, de façon à rester en bonnes relations avec Dieu et les hommes et à rester ouvert à votre guérison.

Chapitre 10
Le casque de l'espérance: libération de la dépression

La santé en Christ de beaucoup est entravée par la dépression. Peu importe le degré de dépression dont ils souffrent cela a un effet sur la paix de leur esprit, leurs relations aux autres, leur productivité, et de façon significative sur leur croissance spirituelle. Elle les empêche d'expérimenter la vie abondante que Christ désire leur donner. Dans ce chapitre, j'aimerais en débattre, sur la base de mon expérience personnelle, comment la dépression est souvent un problème spirituel qu'il faut traiter par la prière, la délivrance et la parole de Dieu.

Notre protection spirituelle

Dans Ephésiens 6, Paul écrit sur le combat spirituel et notre armure spirituelle.

Au reste fortifiez-vous dans le Seigneur et par sa force souveraine, Revêtez-vous de toutes les armes de Dieu, afin de pouvoir tenir ferme contre les manœuvres du diable. Car nous n'avons pas à lutter contre la chair et le sang, mais contre les principautés, contre les pouvoirs, contre les dominateurs des ténèbres d'ici-bas, contre les esprits du mal dans les lieux célestes. C'est pourquoi, prenez toutes les armes de Dieu, afin de pouvoir résister dans le mauvais jour et tenir ferme après avoir tout surmonté. Tenez donc ferme: ayez à vos reins la vérité pour ceinture; revêtez la cuirasse de la justice; mettez pour chaussures à vos pieds les bonnes dispositions que donne l'Evangile de paix; prenez, en toutes circonstances, le bouclier de la foi, avec lequel vous pourrez éteindre tous les traits enflammés du Malin; prenez aussi le casque du salut et l'épée de l'Esprit, qui est la parole de Dieu. Priez en tout temps par l'Esprit, avec toutes sortes de prières et de supplications. Veillez-y avec une entière persévérance. Priez pour tous les saints. (Eph. 6:10–18)

Ce passage est l'un des nombreux passages du Nouveau Testament qui nous montre clairement qu'en tant que croyant en Jésus-Christ, nous sommes engagés dans un conflit spirituel majeur. Il nous dit aussi que Dieu le Père a fait provision pour notre protection à travers une armure spirituelle. Le casque de "l'espérance du salut" (voir aussi 1

Thessaloniciens 5:8) est un aspect particulier de la protection spirituelle que Dieu a prévue pour nous. J'ai appris à m'en servir à cause d'un besoin personnel. Ce casque de l'espérance nous conduit au renouvellement de l'intelligence et c'est une partie essentielle de notre protection spirituelle en tant que chrétiens, en particulier en ce qui concerne la dépression.

La lutte contre la dépression

Permettez-moi de vous raconter comment je suis devenu conscient que j'avais un problème dans ce domaine. Le Seigneur m'a sauvé par grâce et m'a baptisé dans le Saint-Esprit en 1941 et m'a appelé à son service. En 1946, je suis entré dans le ministère à plein temps. A partir de 1949, et ce pendant 9 ans, j'ai été pasteur d'une assemblée à Londres en Angleterre. Pendant cette période, j'ai connu un certain succès dans mon ministère. Nous avions régulièrement des gens sauvés, guéris, et baptisés dans le Saint-Esprit. A cette époque, ce n'était pas courant, croyez-moi. C'étaient des jours de sécheresse et de stérilité en particulier je crois, en Angleterre. Il y avait donc du fruit véritable et des résultats dans notre ministère.

Malgré cela, j'avais des problèmes personnels pour lesquels je n'avais pas de réponse. J'avais en particulier un problème récurrent de crises de dépression qui venaient sur moi comme un nuage sombre et lourd pour me terrasser, m'enfermer et me couper de toute communication avec les gens, y compris ma famille. Ce qui était gênant, c'est que j'avais l'impression que quand j'allais quelque part avec ce nuage au-dessus de ma tête, je projetai cette pression sur les gens qui m'entouraient. Encore une fois, j'étais particulièrement conscient de l'effet produit sur ma propre famille.

Je luttais contre cette dépression par tous les moyens en ma possession. Je priais, je jeûnais, je prenais des résolutions, je me levais tôt, je restais debout tard, je faisais tout ce que je savais mais cela n'allait pas mieux. En fait, plus je priais et plus je jeûnais, pire c'était! C'était très décourageant. Je me souviens d'une de mes filles qui avait à peu près quinze ans à cette époque me disant un jour: "Papa, s'il te plaît, ne jeûne plus. Tu es pire quand tu jeûnes." Ce n'est évidemment pas une façon d'encourager un prédicateur. Pourtant c'était vrai parce que le jeûne faisait ressortir les choses, mais ne réglait pas le problème.

Une révélation de l'esprit abattu

J'avais fait le tour de toutes les solutions et un jour, je jeûnais en fait à cette époque, et je dois dire entre parenthèse que le jeûne n'est pas sans effet - je lisais la Bible quand je vis cette phrase dans Esaïe 61:3:

Un vêtement de louange au lieu d'un esprit abattu.

Quand j'ai lu cette expression, "un esprit abattu", j'ai soudain réalisé par une révélation du Saint-Esprit que c'était là mon problème. J'avais affaire à un esprit mauvais, une personnalité qui m'étudiait, qui me suivait, qui connaissait mes faiblesses et savait quand et comment m'attaquer. Je ne me battais pas contre un état mental ou psychologique. Il ne s'agissait pas simplement de mauvaises habitudes. Il y avait un être, envoyé contre moi par satan, qui m'étudiait et voulait ma perte.

Je comprenais donc pourquoi la pression devenait plus forte lorsque je voulais servir le Seigneur. Cet esprit méchant avait été envoyé pour m'empêcher de servir Dieu. Quand j'étais faible et indifférent, la pression s'allégeait. Mais plus je me consacrais à Dieu, et plus j'étais sincère, pire était la pression. Encore une fois, en voyant les choses ainsi, je vis clairement que j'avais affaire à une personnalité avec une compréhension qui savait exactement quand et comment faire pression. Je vis aussi que c'était quelque chose de courant dans ma famille. J'ai aussi réalisé que mon père avait subi ce même type de pression pendant plusieurs années.

Je vois souvent des gens qui souffrent de longues et sévères dépressions. De plus en plus, j'en arrive à la conclusion que dans la plupart des cas, elles sont en rapport avec l'occultisme. Avant d'être chrétien, je m'étais engagé activement dans l'occultisme, dans le domaine du yoga en particulier. Ce n'est que plusieurs années plus tard que j'ai compris le rapport entre mon engagement dans le yoga et l'esprit de dépression.

Quand j'ai en face de moi une personne qui souffre de périodes de dépression sévères et prolongées, je suis presque toujours convaincu qu'à un moment donné, il est entré dans le territoire de satan, dans le domaine de l'occulte. Souvent, elle va le nier parfois indignée. Mais quand je travaille avec elle et que la vérité sort, cela s'avère presque toujours vrai.

Une promesse de délivrance

Enfin, j'ai du réaliser l'identité de mon ennemi. Ce fut un progrès considérable. Je dirais que quand j'ai reconnu ce contre quoi je me battais et que c'était un esprit, j'avais obtenu 80% de la victoire. Il ne me manquait plus qu'un autre passage de l'Ecriture pour me donner la solution à mon problème:

Alors quiconque invoquera le nom de l'Eternel sera délivré. (Joël 2:32, SER)

J'ai vu cette promesse, à sa propre façon, était tout aussi complète que Jean 3:16: *Dieu a tant aimé le monde qu'il a donné son fils unique afin que quiconque croit en lui ne périsse pas mais qu'il ait la vie éternelle.*

J'ai aussi reconnu que Joël 2:32 était clairement une promesse de délivrance. J'ai mis ensemble Esaïe 61:3 et Joël 2:32 et j'ai prié de façon précise Dieu le Père au nom de Jésus.

Je voudrais souligner l'importance de la prière spécifique. J'ai nommé le mauvais esprit "l'esprit d'abattement" et j'ai proclamé la promesse de Dieu: *Quiconque invoquera le nom de l'Eternel sera délivré.*

Je ne comprenais pas le ministère de délivrance comme je le comprends maintenant mais j'ai été conduit pour des besoins personnels à mettre ces deux passages de l'Ecriture ensemble. J'ai prié: "Seigneur, dans le nom du Seigneur Jésus-Christ, selon ta parole, je te demande de me délivrer de cet esprit d'abattement." Quand j'ai fait cette prière spécifique et biblique, j'ai été délivré. La pression a été enlevée. Gloire à Dieu pour la délivrance!

La bataille pour les pensées

J'ai appris ensuite par expérience que c'est une chose que *d'être* délivré et une autre de *rester* délivré. Dieu a commencé à me montrer qu'il avait fait sa part du travail et que maintenant je devais faire la mienne. Il avait libéré mon âme de cette pression démoniaque. Maintenant, c'était à moi de rééduquer mon esprit, de cultiver une mentalité et une façon de penser complètement différentes. Avant d'être délivré je ne pouvais pas le faire. Une fois délivré, c'était ma responsabilité de le faire.

Je crois que ce processus est vrai dans presque tous les domaines dans lesquels Dieu intervient pour nous que ce soit le salut, la guérison, ou la délivrance. Dieu fait sa part, puis c'est à nous de faire la nôtre. Notre part, c'est de garder, de persévérer, de nous tenir à ce que Dieu nous a donné.

En menant cette bataille pour garder ma délivrance de la dépression, j'ai pris conscience que le domaine qui posait le plus de problème dans ma vie était celui de mon intelligence, de mes pensées. Le diable m'atteignait continuellement à travers mes pensées. Il se trouve que j'ai eu le privilège de faire des études longues, élaborées et pointues. Je suis habitué au domaine de la pensée analytique. A cet égard, j'ai découvert que plus une personne est cultivée et a un esprit fin, plus il est vulnérable à satan. Plus vous vous confiez à votre intelligence, plus vous vous appuyez sur elle, plus satan peut l'utiliser contre vous. J'ai réalisé que je devais mener ce combat pour le contrôle de mon esprit.

Je ne crois pas qu'il y ait beaucoup de chrétiens qui contrôlent vraiment leur esprit. Je me rappelle le témoignage d'une femme qui disait que Dieu lui avait montré qu'elle devait maîtriser son intelligence et ses pensées, qu'elles étaient à son service et non ses maîtres.

Il y a beaucoup de domaines dans notre vie que nous devons amener à la soumission à l'élément spirituel qui est en nous. L'autre c'est l'estomac. L'estomac a un bon but et est nécessaire mais il n'est pas le maître; il est là pour servir. Mon bon ami, Don Basham a dit qu'il en était arrivé à dire à son estomac: "Tu ne me dis pas quand je dois manger. C'est moi qui te le dis." C'est établir le contrôle sur un domaine majeur de votre vie.

C'est la même chose pour nos pensées. Nos pensées ne doivent pas nous dominer; elles doivent être à notre service. Encore une fois, je crois qu'il y a comparativement peu de chrétiens qui contrôlent réellement le domaine de leurs pensées. Elles vont et viennent, elles s'agitent, elles sont sujettes à toutes sortes de pression qui, bien souvent sont incontrôlables parce qu'ils ont traité leurs pensées comme des maîtres au lieu de les traiter comme des serviteurs.

La protection pour l'intelligence

Je me suis rendu compte que ce dont j'avais besoin par dessus tout, c'était d'une protection pour mon intelligence. Puis, je me suis aperçu qu'il y avait un passage d'Ephésiens 6 que j'ai cité au début de ce chapitre, sur ce que Dieu le Père avait prévu en matière de protection. En lisant la partie sur l'armure, du verset 14 au 17, vous allez voir qu'il y a six parts d'équipements: les cinq premières sont pour la défense, et la sixième est pour l'offensive.

1 La ceinture de la vérité (verset 14)

2. Le bouclier de la justice (verset 14)

3. Les chaussures que donnent l'Evangile de paix (verset 15)

4. Le bouclier de la foi (verset 17)

5. Le casque du salut (verset 17)

6. L'épée de l'Esprit (verset 17)

Ces équipements sont rendus efficaces par l'arme que Charles Wesley appelle dans l'un de ses hymnes "l'arme de toute prière": *faites par l'Esprit toutes sortes de prières et de supplications* (Ephésiens 6:18). Ainsi en fait, la liste entière comprend sept éléments. Dans Ephésiens 6, Il y a six éléments défensifs et offensif plus l'arme de "toute prière".

En étudiant cette liste, j'ai réalisé que si un chrétien se revêt de chaque élément il est complètement protégé de la tête aux pieds - à une condition. Quelle est la condition? Qu'il ne tourne pas le dos, parce qu'il n'a pas de protection pour le dos. Si vous dites: "Cela ne sert à rien, je n'y arrive plus, je n'en peux plus, j'abandonne." C'est montrer un dos sans défense au diable. Et croyez-moi, il enverra ses traits enflammés et vous

J'ai aussi compris qu'il y avait un élément de l'équipement qui était fait pour protéger l'intelligence: le casque du salut. Le casque couvre la tête, qui est associée aux pensées. J'ai compris que Dieu pourvoyait à la protection de mon esprit.

La place de l'espérance dans la vie du chrétien

Puis je me suis dit: "Je sais que je suis sauvé; j'ai le salut. Cela signifie-t-il automatiquement que j'ai le casque ou y a-t-il plus que cela? Heureusement, j'avais une Bible qui avait des références croisées. Ephésiens 6:17 "le casque" me renvoyait à 1 Thessaloniciens 5: 8. J'allais voir ce verset qui disait:

Mais nous qui sommes du jour, soyons sobres: revêtons la cuirasse de la foi et de l'amour, ainsi que le casque de l'espérance du salut.

J'y ai vu que le casque est spécifié - il est appelé "l'espérance du salut". Soudain, le Saint-Esprit me donna un mot de ce passage: espérance. Je réalisai combien j'avais peu pensé ou étudié la place de l'espérance dans la vie du croyant. Le Saint-Esprit me conduisit de passage en passage à travers le Nouveau Testament pour me montrer que toute ma vie spirituelle était déséquilibrée et incomplète sans une bonne compréhension de la place de l'espérance comme protection de l'esprit.

J'aimerais vous donner quelques passages des Ecritures que le Saint-Esprit m'a montrés. Nous allons commencer par le dernier verset d'1 Corinthiens 13, le célèbre chapitre sur l'amour. Paul déclare:

Maintenant donc ces trois choses demeurent: la foi, l'espérance et l'amour.

Dans le contexte du chapitre, il est clair que ce sont les trois réalités continuelles de l'expérience spirituelle dans la vie chrétienne. Paul dit que les autres choses sont temporaires. Elles ont un but, et quand l'objectif est atteint on n'en a plus besoin. Mais ces trois réalités respectives de l'expérience spirituelle sont la foi, l'espérance et l'amour.

J'ai entendu beaucoup de sermons sur la foi, sur l'amour mais je n'en ai pas entendu un seul sur l'espérance. J'ai du moi-même me prêcher mon premier sermon sur l'espérance.

La foi est dans le coeur, et l'espérance dans l'esprit

Revenons au thème dont nous parlions au chapitre trois: les différentes significations données dans l'Ecriture à la foi et à l'espérance parce que ces différences sont importantes pour la compréhension du casque de l'espérance. La foi et l'espérance sont localisées dans des zones différentes de la personnalité humaine.

Nous avons vu que la foi biblique se situe dans le domaine du coeur. 1 Thessaloniciens 5:8 se réfère à *la cuirasse de la foi et de l'amour*. La cuirasse, c'est le domaine du coeur, la foi et l'amour sont donc dans le coeur. Romains 10:10 dit: *C'est en croyant du coeur qu'on parvient à la justice*. Tout au long du Nouveau Testament, la foi est décrite comme n'étant du domaine de l'intelligence mais de celui du coeur.

Quand vous croyez vraiment quelque chose dans votre coeur, vous ne pouvez vous empêchez de le croire. Vous n'avez pas besoin d'en débattre ni de le prouver à quiconque. Pour répéter un exemple précédent, je crois que mes péchés sont pardonnés. Je le crois dans mon coeur. Peu importe que quelqu'un le conteste, cela ne changera pas ce que je crois au final. Je n'ai pas besoin de discuter de ce que je crois vraiment. Pourtant, si j'essayais de me prouver qu'un miracle particulier va avoir lieu, je crois qu'il est peu probable qu'il se produise à moins que cette connaissance soit aussi dans mon coeur.

De la tête au coeur

Dieu m'a donné une certaine mesure de foi pour les miracles. Parfois, quand j'exerce mon ministère les gens viennent me voir dans l'incrédulité mais je peux leur dire que le miracle va se passer parce que j'ai la foi à ce moment-là qu'il va se produire. Il y a une assurance sereine et absolue qui est la foi du coeur. Souvent, la parole de Dieu a atteint nos têtes –nous avons la connaissance de la vérité - mais n'a pas atteint nos coeurs. Il faut parfois plus de temps pour que la parole de Dieu arrive à nos coeurs qu'à nos têtes.

Presque chaque vérité biblique que je crois aujourd'hui, je me la suis prêchée à moi-même pour la croire. J'ai commencé à les prêcher parce que je les ai vues dans la Bible et je me suis dit: "C'est dans la Bible, c'est vrai. Je vais le déclarer." Puis un jour, je me suis réveillé en réalisant avec joie que je les avais. Je me les suis prêchées à moi-même pour les croire dans mon coeur.

De plus, l'Ecriture dit qu'il est légitime de dire quelque chose de votre bouche pour les croire dans votre coeur. Mais nous devons être très sincères et ne pas prétendre que c'est dans notre coeur avant qu'il n'y soit vraiment. Dans le fameux passage de Romains 10:8-10, Paul fait par trois fois le lien entre la bouche et le coeur. Les deux premières fois, c'est d'abord la bouche, puis le coeur. La troisième fois, c'est le coeur en premier, puis la bouche. J'ai compris cette vérité par le fait qu'en hébreu apprendre quelque chose par coeur, c'est l'apprendre à haute voix. Autrement dit, vous apprenez quelque chose par coeur en le disant encore et encore jusqu'à que vous ne fassiez plus d'effort pour le répéter.

Si vous comprenez ce que vous faites spirituellement, il est légitime de le confesser de la foi du coeur en utilisant la parole de Dieu, la Bible. *La foi vient de ce qu'on entend et ce qu'on entend vient de la parole de Dieu.* (Romains 10:17) Mais n'oubliez pas que les promesses de Dieu ne sont valables que si vous confessez de votre bouche et que vous croyez aussi de votre coeur. J'ai rencontré des gens qui confessaient beaucoup de choses de la Parole de leur bouche mais qui ne l'avaient pas dans leur coeur.

La foi mentale

Je ne me souviens pas d'avoir jamais rencontré quelqu'un qui dit avoir a la foi, recevoir ce pour quoi il disait l'avoir. La Bible dit que se vanter est exclu. Par quelle loi? Par la loi de la foi. (voir Romains 3:27) Ainsi, si vous avez réellement la foi, vous ne devriez pas vous en vanter. Notre argumentation ne va pas le prouver aux autres; mais c'est pour nous le prouver à nous-mêmes. Et si nous voulons nous le prouver à nous-mêmes, c'est que nous ne l'avons pas. Souvent, j'ai entendu des chrétiens dire: "Je sais que j'ai la foi" mais ce qu'ils ont n'est que de la connaissance.

Je ne dis pas cela pour être méchant ou critique mais cela a réglé chez moi un grand problème: Pourquoi tant de gens disent qu'ils ont la foi mais n'obtiennent pas ce pour quoi ils prient? Parce qu'ils ont la connaissance de la Parole dans leur intelligence mais pas dans leur coeur. J'ai expérimenté si souvent que la personne qui pensait avoir la foi ne reçoit rien tandis que celle qui disait qu'elle ne croyait pas avoir la foi recevait ce qu'elle recherchait. C'est parce que la personne qui n'a pas beaucoup de connaissance peut avoir la foi dans son coeur et c'est la foi du coeur qui produit des résultats. Il est souvent très difficile de savoir ce qu'il y a dans notre propre coeur. Jérémie 17:9 dit *Le cœur est tortueux par–dessus tout Et il est incurable: Qui peut le connaître?* Parfois, nous ne reconnaissons pas quand nous avons péché, mais à certains autres moments, nous ne reconnaissons pas quand nous avons développé une foi du coeur.

L'espérance est la protection de l'intelligence

Dans cette optique, concentrons-nous sur l'espérance. La différence entre la foi et l'espérance c'est que la foi est dans le coeur, alors que l'espérance est dans l'intelligence. Autre différence: la foi est quelque chose que vous avez tout de suite tandis que l'espérance est tournée vers le futur. La foi est une croyance, ou une conviction de la vérité tandis que l'espérance est une attente confiante. Il est légitime d'avoir de l'espérance dans votre esprit pour le futur mais il n'est pas juste de parler de la foi dans votre esprit[‡‡] pour le futur. Ce n'est pas la foi.

La protection de l'esprit du croyant - contre la dépression, la peur, et toutes sortes de pensées négatives, c'est le casque de l'espérance et du salut. Je crois que chaque chrétien, logiquement doit être optimiste. Un chrétien pessimiste est en réalité un chrétien qui renie sa foi.

Si vous voulez une base biblique au fait que tout chrétien doit être optimiste, il y a beaucoup de versets qui le disent mais je pense à Romains 8:28 qui est suffisant ici:

Nous savons du reste que toutes choses concourent au bien de ceux qui aiment Dieu, de ceux qui sont appelés selon son dessein.

Si vous aimez Dieu, et si vous cherchez sincèrement à marcher dans ses voies - remarquez que ce n'est pas sans condition - alors toutes choses concourent à votre bien. Et si toutes choses concourent à votre bien, alors vous n'avez aucune raison d'être pessimiste. Chaque situation est une occasion de montrer de l'optimisme.

Qu'est-ce que l'espérance?

Notre perspective générale de la vie est souvent innée et nous devons apprendre à la placer sous le contrôle du Saint-Esprit. Il y a en

---

[‡‡] Une difficulté dans la langue française ici est que le mot anglais 'mind' se traduit habituellement en français avec 'esprit', tandis que l'esprit d'un homme est différent de son intelligence. La dernière se trouve dans le domaine de l'âme, tandis que l'esprit de l'homme est, évidemment, dans le domaine spirituel. C'est pour cela que le traducteur a souvent opté pour 'intelligence', ou 'pensées' plutôt que 'esprit'.

général deux sortes de personnes dans le monde: les pessimistes et les optimistes. On peut faire tout de suite la différence entre eux: quand ils entrent dans une pièce et qu'ils voient un verre rempli à moitié, l'optimiste dit que le verre est à moitié plein, le pessimiste dit qu'il est à moitié vide. Ils regardent tous deux le même verre. C'est une attitude de l'esprit.

Je suis indéniablement né pessimiste. J'ai été élevé pour être pessimiste, j'ai été systématiquement enseigné dans cette voie. Dans ma famille, être optimiste était une tare. Si vous ne vous inquiétiez pas, alors il fallait vous inquiéter du fait que vous n'étiez pas inquiet. Cela peut sembler comique mais c'était vrai. J'ai rencontré beaucoup de gens ainsi. Ils se sentent coupables s'ils ne sont pas anxieux.

Quand le Saint-Esprit m'a conduit à Esaïe 61:3 et Joël 2:32, Dieu m'a montré qu'il avait libéré mon esprit de l'oppression de l'esprit d'abattement. Mon esprit, qui avait été rendu captif, était maintenant libéré. Mais comme je l'ai dit, j'ai du apprendre à garder ma liberté en rééduquant mon intelligence et mes pensées. Dieu n'allait pas le faire pour moi. C'était ma responsabilité. J'ai commencé cette rééducation en apprenant la nature de l'espérance.

L'espérance peut se définir comme une "attente confiante en esprit du bien." Nous devons apprendre à cultiver un point de vue totalement différent dans nos vies, avec des modèles et des réactions différents. Nous devons apprendre à avoir des attitudes et des réactions positives, comme nous le voyons dans Romains 8:28. Nous devons discipliner notre esprit en le soumettant à cette rééducation.

Pour lutter contre la dépression ou d'autres pensées négatives dans nos vies, il est de notre responsabilité d'agir à la lumière de la parole de Dieu. L'Ecriture dit:

Car les armes avec lesquelles nous combattons ne sont pas charnelles, mais elles sont puissantes devant Dieu, pour renverser des forteresses. Nous renversons les raisonnements et toute hauteur qui s'élèvent contre la connaissance de Dieu, et nous amenons toute pensée captive à l'obéissance au Christ.

Il est de notre responsabilité d'amener nos pensées captives à l'obéissance de Christ. Cela signifie l'obéissance à la parole de Dieu. Nous avons l'obligation de penser à chaque situation, chaque personne, chaque problème comme la parole de Dieu en parle. Nous devons nous entraîner à faire cela tout le temps; cela ne se fait pas en un jour.

Cela fait plusieurs années que cette crise est venue sur moi et je loue Dieu parce que j'ai toujours la victoire dans mes pensées. Je sais que je ne suis pas parfait mais je sais aussi qu'il y a eu une complète révolution. Cela a commencé par la délivrance, mais cela a été complété par une autodiscipline dans le domaine des pensées.

Bien entendu, si vous n'êtes pas d'abord délivré des esprits qui vous lient et vous oppriment - dépression, peur, solitude, suicide, apitoiement de soi, abattement, tourment, et beaucoup d'autres encore, alors vous dire de cultiver une nouvelle mentalité reviendrait à ce qu'un sergent instructeur donne des ordres à un groupe de soldats enchaînés par les pieds. Ils peuvent entendre les ordres mais leurs pieds ne peuvent pas les accomplir. Pourtant, bien que la délivrance soit une part essentielle de ce que Dieu a prévu pour nous, ce n'est pas le tout. D'abord la délivrance, puis la rééducation - rééduquer vos appétits, vos émotions, et vos actions.

Avant de continuer à décrire comment l'espérance protège notre esprit, prenons un moment pour prier pour la délivrance de toute dépression, peur ou autres problèmes que vous pourriez avoir en rapport avec votre intelligence.

Seigneur, j'ai compris l'identité de mon ennemi - ce ne sont pas simplement des pensées de dépression, de peur, d'apitoiement sur moi-même, de tourment, de suicide mais c'est un esprit mauvais qui cherche à amoindrir et à détruire ma vie. Par Christ j'ai échangé l'esprit d'abattement par un esprit de louange. Tu as dit que quiconque invoquera le nom du Seigneur sera délivré. Dans le nom du Seigneur Jésus-Christ selon ta Parole, je te demande de me délivrer de cet esprit méchant et de toutes les manières dont il se manifeste dans ma vie. Merci pour ta délivrance complète de tout ce qui me liait. A partir de maintenant, aide-moi à renouveler mon intelligence chaque jour selon ta Parole et ta volonté.

Si vous avez fait cette prière, rendez grâce et remerciez Dieu pour sa complète délivrance.

La foi produit l'espérance

En développant la nature de l'espérance, nous avons examiné attentivement les différences entre la foi (la croyance) et l'espérance. Regardons maintenant la relation entre ces deux réalités spirituelles. Selon moi, la foi est le fondement, et l'espérance le résultat. Romains 4:18 décrit comment Abraham a reçu la promesse de Dieu concernant la naissance de son fils Isaac bien longtemps après qu'il soit physiquement impossible à lui ou à sa femme d'avoir un enfant.

Espérant contre toute espérance, il crut et devint ainsi père d'un grand nombre de nations, selon ce qui avait été dit: Telle sera ta descendance.

Abraham crut et le résultat, c'est qu'il espéra. Le fait de croire vient en premier et l'espérance est le produit, ou le résultat de cette croyance. Je crois que ce concept est encore plus clairement exprimé dans Hébreux 11:1:

Or la foi est une ferme assurance des choses qu'on espère, une démonstration de celles qu'on ne voit pas.

La foi est le fondement de l'assurance sur laquelle repose l'espérance. La foi produit donc l'espérance. Avoir l'espérance sans la foi peut être de la tromperie de soi, mais quand vous avez la foi alors vous pouvez avoir l'espérance. *La foi est l'espérance des choses qu'on espère.* Encore une fois, la foi est dans le coeur, tandis que l'espérance est dans l'intelligence. La foi est dans le présent, l'espérance dans le futur. Les deux sont légitimes mais nous devons les avoir au bon endroit et dans la bonne relation.

Regardons ensuite ce que la Bible dit de l'importance de l'espérance dans ce contexte. L'espérance est l'un des plus beaux thèmes de la Bible. Le Saint-Esprit m'a ouvert un champ complètement nouveau sur cette vérité. Quand je passais par des moments de dépression, je ne comprenais pas que l'espérance était essentielle. Vous ne pouvez pas vous en sortir sans espérance. Vous devez avoir l'espérance! Romains 8:24 dit: *Car c'est en espérance que nous sommes sauvés.*

Nous pouvons le renverser aussi: pas d'espérance, pas de salut. Quand vous perdez votre espérance, alors vous perdez aussi au moins l'expérience de votre salut. Quand vous ne vivez plus dans l'espérance, vous ne jouissez plus des bienfaits du salut. Je ne veux pas dire que vous avez perdu votre salut mais votre expérience du salut n'est plus là. Nous sommes sauvés en espérance.

Le Dieu de l'espérance

Romains 15:13 est aussi un merveilleux verset sur l'espérance. Regardons le début du verset:

> *Que le Dieu de l'espérance...*

Saviez-vous que le Seigneur est le Dieu de l'espérance? Il n'est pas simplement le Dieu de paix, le Dieu de joie, le Dieu de la justice, et le Dieu de puissance, mais il est aussi le Dieu de l'espérance. Le verset entier dit:

> *Que le Dieu de l'espérance vous remplisse de toute joie et de toute paix dans la foi, pour que vous abondiez en espérance, par la puissance du Saint–Esprit!*

Quand vous êtes rempli de la foi par la croyance, voici le résultat: vous abondez en espérance. Vous avez une espérance bouillonnante et qui déborde de vous. Cette espérance est produite par la puissance du Saint-Esprit. L'une des preuves bibliques du Saint-Esprit agissant chez un croyant, c'est l'espérance abondante. Quand l'espérance n'est plus abondante, c'est que la personne n'est plus remplie du Saint-Esprit; son espérance s'est évaporée.

Ephésiens 2:12 est une image sombre du perdu, de ceux qui ne connaissent pas Dieu:

> *... vous étiez en ce temps–là sans Christ, privés du droit de cité en Israël, étrangers aux alliances de la promesse, sans espérance et sans Dieu dans le monde.*

Ce verset dit qu'il manque trois choses aux perdus: ils sont sans Christ, sans espérance et sans Dieu le Père. Quand vous êtes sans espérance, vous êtes sans Christ et sans Dieu le Père. L'espérance est aussi importante que cela.

Christ en vous, l'espérance de la gloire

Regardons ce qui correspond au côté positif.

> ...*le mystère caché de tout temps et à toutes les générations, mais dévoilé maintenant à ses saints, à qui Dieu a voulu faire connaître quelle est la glorieuse richesse de ce mystère parmi les païens, c'est-à-dire: Christ en vous, l'espérance de la gloire.* (Colossiens 1:26-27)

Tout l'Evangile est centré sur cette grande et merveilleuse révélation qui a été tenue secrète pour les prophètes, les sages et les grands hommes des générations passées mais qui est maintenant révélée aux croyants comme vous et moi. Quelle est cette grande révélation?

> ... *Christ en vous, l'espérance de la gloire.* (verset 27)

Si nous n'avons pas l'espérance de la gloire éternelle, nous n'avons pas Christ en nous parce que Christ en nous, c'est l'espérance de la gloire éternelle. Notre salut dépend de l'espérance. Quand nous sommes perdus, nous sommes sans Christ, et sans espérance. Mais quand nous avons Christ en nous, nous avons l'espérance de la gloire, l'espérance de l'avenir et de la vie éternelle.

Paul a dit: *Si c'est dans cette vie seulement que nous espérons en Christ, nous sommes les plus malheureux de tous les hommes.* (1 Corinthiens 15:19) Il y a un avenir. Celui qui a Christ en lui a de l'espérance pour l'avenir - une attente glorieuse, radieuse, confiante de la gloire éternelle avec le Dieu Tout-Puissant, les saints anges, et les rachetés de tous les temps, d'âge en âge. Vous avez cela quand Christ est en vous. Si vous n'êtes pas certain ou que vous manquiez d'assurance par rapport à cette espérance, vous devriez vérifier votre état spirituel parce que je doute que vous ayez Christ en vous. Christ en vous, c'est l'espérance de la gloire.

L'espérance est un refuge et une ancre

Regardons maintenant deux des plus belles images de la Bible. L'auteur de l'épître aux Hébreux souligne l'immense fondement de notre foi en Christ et il écrit:

> ... *afin que, par deux actes immuables, dans lesquels il est impossible que Dieu mente...* (Hébreux 6:18)

Quelles sont ces deux choses immuables? Le verset 17 nous dit que c'est le conseil de Dieu ou la Parole et le serment de Dieu. Dieu ne fait pas que dire les choses, il les confirme aussi par un serment. Les

Ecritures disent cela parce qu'il n'y avait rien de plus grand par lequel Dieu puisse jurer, il a juré par lui-même. (voir le verset 13)

... et dit: Je le jure par moi–même, – oracle de l'Eternel! parce que tu as fait cela, et que tu n'as pas refusé ton fils, ton unique, je te comblerai de bénédictions et je multiplierai ta descendance, comme les étoiles du ciel et comme le sable qui est au bord de la mer. Ta descendance aura le contrôle de ses ennemis.

L'auteur de l'épître aux Hébreux souligne la bénédiction donnée à Abraham en y mettant le mot "innombrable".

C'est pourquoi d'un seul homme — et d'un homme déjà atteint par la mort — sont issus (des descendants) aussi nombreux que les étoiles du ciel et que le sable qui est au bord de la mer et qu'on ne peut compter. (Hébreux 11:12)

Nous avons deux choses immuables pour lesquelles il est impossible que Dieu mente, sur lesquelles se fonde notre foi. A la lumière de cela...

... nous ayons un puissant encouragement, nous dont le seul refuge a été de saisir l'espérance qui nous était proposée.

C'est la première image de l'espérance: un refuge. Puis il continue avec une deuxième image:

Cette espérance, nous l'avons comme une ancre solide et ferme, pour notre âme; elle pénètre au–delà du voile, là où Jésus est entré pour nous comme un précurseur, devenu souverain sacrificateur pour l'éternité, selon l'ordre de Melchisédek. (Hébreux 6:19-20)

Notre refuge

L'auteur de l'épître aux Hébreux utilise ces deux images l'une après l'autre pour montrer ce que l'espérance du salut fera pour un chrétien dans son expérience spirituelle. Il dit d'abord: "Nous avons saisi l'espérance comme un refuge". Je crois que cette image vient de l'Ancien Testament: si un innocent était poursuivi par des vengeurs de sang et cherchait un lieu de refuge où les vengeurs ne pourraient pas l'atteindre il s'enfuyait au tabernacle ou au temple et saisissait les cornes de l'autel. Tant que l'innocent tenait les cornes de l'autel, personne ne pouvait le déloger. C'était le lieu de refuge. (Voir Exode 21:12-14; 1 Rois 1:50-53; 2:28-32)

Quand nous venons à l'autel spirituel, - le sacrifice de Christ - même si toutes les forces de l'enfer cherchent à nous faire lâcher prise, tant que nous tenons les cornes de l'autel, nous ne pouvons pas en être arrachés.

Quelle est l'analogie pour "les cornes de l'autel"? Notre espérance en Jésus-Christ. Encore une fois, le sacrifice de Christ est l'autel et les cornes - ou la force - de l'autel sont notre espérance. Nous avons cette espérance comme un refuge où nous pouvons courir. Ainsi, quand toutes les forces de l'enfer sont déchaînées contre nous et nous pressent de toutes parts, et que nous ne savons pas où aller pour trouver un refuge, fuyons vers l'autel et saisissons les cornes, notre espérance en Jésus-Christ.

Ainsi la première image est celle d'une personne qui subit d'énormes pressions spirituelles, qui cherche un lieu de sécurité absolue. Il saisit les cornes de l'autel, l'oeuvre accomplie de Christ et l'espérance de la gloire éternelle.

Notre ancre

La deuxième image est peut-être encore plus belle. C'est "une ancre de l'âme" à la fois sûre et solide" qui passe du temps à l'éternité et entre à travers le voile, fixée sur le grand Rocher des Ages, Jésus-Christ, notre Grand Sacrificateur et notre précurseur.

Quand je me débattais contre la dépression, Dieu le Père à travers le Saint-Esprit a commencé à s'occuper de moi par la vérité spirituelle de cette image de l'ancre. Voici à peu près son enseignement. Il me dit: "Qu'est-ce qui a besoin d'une ancre?"Je lui répondis: "Seigneur, un bateau a besoin d'une ancre." Il me répondit: "Pourquoi un bateau a-t-il besoin d'une ancre?" Je lui dis: "Seigneur, parce qu'un bateau flotte sur l'eau qui est un élément instable et fluctuant.

Le bateau est fait pour l'eau, et il appartient à ce milieu, mais il n'y a rien dans l'eau auquel le bateau puisse s'accrocher pour être en sécurité. Il lui faut donc une ancre qui va du bateau à travers l'élément instable qu'est l'eau jusqu'à l'élément stable qu'est le roc ou la terre.

Quand l'ancre est passée du bateau à travers l'eau, et s'est fixée dans le roc, le bateau est stabilisé et en sécurité.

Hébreux dit que notre espérance en Christ est l'ancre de nos âmes. Nous vivons dans un monde instable et fluctuant. Peu importe le niveau de vos biens matériels et financiers, peu importe le nombre de vos assurances, peu importe l'argent que vous avez à la banque, et peu importent les mesures que vous avez prises pour votre sécurité (et je n'en critique aucune) la vérité c'est que rien de tout cela ne vous apporte la sécurité. Rien. C'est comme l'eau sur laquelle repose le bateau.

Il n'y a rien qui existe dans le temps qui soit permanent, qui soit sûr sur lequel nous puissions nous appuyer. Tout ce que nous voyons est changeant, est fluctuant. C'est là et tout à coup, ça disparaît. L'Ecriture dit: *Toute chair est comme l'herbe et tout son éclat comme la fleur des champs. L'herbe sèche et sa fleur tombe.* (Esaïe 40:6-7) L'herbe ou les fleurs peuvent s'ouvrir le matin, mais le soir, elles sont coupées et elles sont fanées. C'est ainsi qu'est la vie humaine d'un point de vue éternel. Il est très important que nous ne perdions jamais cela de vue.

Quand mon père est mort, il a eu des funérailles anglicanes en Grande Bretagne. Le livre de prières anglicanes comporte de magnifiques prières pour les services funèbres. Il comprend un certain nombre de passages bibliques dont celui-ci: *L'"homme né de la femme! Sa vie est courte, il est saturé d'agitation. Il a poussé comme une fleur et il est coupé. Il prend la fuite comme une ombre et ne s'arrête pas.* (Job 14:1-2). J'étais assis aux funérailles de mon père en train d'écouter ces paroles, et je me suis dit: "C'est la vérité. On ne peut pas discuter cela, on peut faire de votre mieux pour vous le cacher, mais le fait est que *L'homme est né de la femme! Sa vie est courte et il est saturé d'agitation.*

Il n'y a donc aucun endroit où l'on est en sécurité sur cette terre. Il va falloir lancer cette ancre à travers l'eau jusqu'au rocher avant de trouver la sécurité. L'eau représente ce monde, le rocher représente Christ. Quand vous êtes en Christ, vous avez le droit de fixer votre ancre sur le "Rocher des âges" et toutes les tempêtes, les ouragans qui souffleront ne vous détacheront jamais du Rocher. La manière dont nous attachons notre ancre est par l'espérance. Notre espérance est assurée par ces deux choses immuables par lesquelles Dieu ne peut mentir: sa Parole et son serment.

Vous connaissez peut-être un hymne qui s'appelle "Votre ancre tiendra-t-elle dans les tempêtes de la vie?" En arrivant à une compréhension de l'espérance biblique, chaque fois que j'entends cet hymne, je me dis: "Oui, et l'ancre, c'est l'espérance." Pas d'espérance, pas d'ancre. Pas d'espérance, pas de place où se réfugier. Pas d'espérance, pas de Christ en vous. Pas d'espérance, pas de salut. C'est aussi important que cela.

Rééduquer votre esprit

Il est essentiel pour notre santé spirituelle et notre bien-être de rééduquer notre intelligence selon la parole de Dieu. Je sais par expérience que c'est possible. Pour moi, le changement a été radical. Ce fut un processus, mais l'effort en valait la peine.

En terminant ce chapitre, j'aimerais souligner que la délivrance va vous délivrer - mais cela vous délivrera afin que vous fassiez votre part. La délivrance ne fera pas les choses à votre place. Dieu s'attend à ce que vous fassiez cela. Cette vérité s'applique à l'intelligence, aux émotions, et au corps. Quel que soit le domaine dans lequel vous avez besoin de délivrance, si vous invoquez le nom de l'Eternel, vous serez délivré. Mais après cela il est de votre responsabilité de garder votre délivrance. Et pour beaucoup d'entre nous, nos pensées sont le domaine le plus vulnérable.

J'ai passé des années avec des missionnaires et des ouvriers chrétiens à temps plein. Je dirais qu'un sur cinq a un sérieux problème dans le domaine de ses pensées. Je me souviens de missionnaires qui étaient qualifiés, entraînés, équipés et consacrés mais qui étaient souvent mis sur la touche par de longues périodes de luttes dans leurs pensées. Que vous vous battiez contre le doute, l'incrédulité, la peur ou le désespoir, Dieu a une réponse. Voici la réponse: si vous êtes tourmenté par un démon, soyez libéré du démon. Mais souvenez-vous alors que ce n'est que le début. Après cela, il y a un processus de rééducation de vos actions, de vos habitudes, et de vos modèles de pensées en amenant toute pensée captive à l'obéissance de Christ.

Quand vous commencez à devenir nerveux et irritable, ou quand vous vous mettez à mal réagir, arrêtez-vous et demandez-vous: "Qu'est-ce qui ne va pas ? Quelque chose est entrée qui n'aurait pas dû. Je projette mon esprit dans les mauvais canaux de pensée. Je commence à me détourner de ma consécration, mon engagement et ma foi." Quand vous avez identifié le problème, souvenez-vous que Dieu a prévu une provision spirituelle complète.

Ephésiens 6:13 dit: *C'est pourquoi, prenez toutes les armes de Dieu, afin de pouvoir résister dans le mauvais jour et tenir ferme après avoir tout surmonté.* J'aime cet ordre. D'abord résister ensuite se tenir. Comme je l'ai dit plus haut, chaque fois que je prenais un nouvel engagement important avec Christ, les forces de satan se déchaînaient contre moi. Ce résultat est prévisible et c'est un signe sûr que j'agis dans la volonté de Dieu. J'ai appris de qu'il fallait faire; résister et quand la tempête subsiste, je suis toujours debout c'est aussi vrai pour vous. Le terrain que vous occupez sera ferme sous vos pieds.

Il faudra toujours résister et vous ne pourrez le faire efficacement avec vos pensées non protégées. Prenez le casque du salut, qui est le casque de l'espérance. Mettez-le, couvrez votre esprit, protégez vos pensées, et disciplinez-les pour qu'elles soient en accord avec la parole de Dieu. Voici quelques passages pour vous habituer à renouveler votre intelligence à travers la parole de Dieu:

L'Eternel donnera la puissance à son peuple; l'Eternel bénira son peuple dans la paix. (Psaume 29:11)

Et moi, j'espérerai sans cesse, Je te louerai de plus en plus. Ma bouche racontera ta justice, ton salut, tout le jour, Car je n'en connais pas (encore) le compte. Je m'avancerai avec des exploits. Seigneur Eternel! Je rappellerai ta justice, la tienne seule. (Psaume 71:14-16)

Ne l'as–tu pas reconnu? Ne l'as–tu pas entendu? C'est le Dieu d'éternité, l'Eternel, Qui a créé les extrémités de la terre; Il ne se fatigue ni ne se lasse; Son intelligence est insondable. Il donne de la force à celui qui est fatigué Et il augmente la vigueur de celui qui est à bout de ressources. Les adolescents se fatiguent et se lassent, Et les jeunes hommes trébuchent bel et bien; mais ceux qui espèrent en l'Eternel renouvellent (leur) force. Ils prennent leur vol comme les aigles; Ils courent et ne se lassent pas. Ils marchent et ne se fatiguent pas. (Esaïe 40:28-31)

Etant donc justifiés par la foi, nous avons la paix avec Dieu par notre Seigneur Jésus–Christ; c'est à lui que nous devons d'avoir eu par la foi accès à cette grâce, dans laquelle nous demeurons fermes, et nous nous glorifions dans l'espérance de la gloire de Dieu. Bien plus, nous nous glorifions même dans les tribulations, sachant que la tribulation produit la persévérance, la persévérance une fidélité éprouvée, et la fidélité éprouvée l'espérance. Or, l'espérance ne trompe pas, parce que l'amour de Dieu est répandu dans nos cœurs par le Saint–Esprit qui nous a été donné. (Romains 5:1-5)

Je suis crucifié avec Christ, et ce n'est plus moi qui vis, c'est Christ, qui vit en moi; ma vie présente dans la chair, je (la) vis dans la foi au Fils de Dieu, qui m'a aimé et qui s'est livré lui–même pour moi. (Galates 2:20)

Vous, petits enfants, vous êtes de Dieu, et vous avez vaincu les faux prophètes, car celui qui est en vous est plus grand que celui qui est dans le monde. (1 Jean 4:4)

Ne vous inquiétez de rien; mais, en toutes choses, par la prière et la supplication, avec des actions de grâces, faites connaître à Dieu vos demandes. Et la paix de Dieu, qui surpasse toute intelligence, gardera vos cœurs et vos pensées en Christ–Jésus. Au reste, frères, que tout ce qui est vrai, tout ce qui est honorable, tout ce qui est juste, tout ce qui est pur, tout ce qui est aimable, tout ce qui mérite l'approbation, ce qui est vertueux et digne de louange, soit l'objet de vos pensées; (Philippiens 4:6-8)

Chapitre 11

Comment Dieu m'a conduit à opérer des miracles

Dans ce chapitre, j'aimerais aller plus avant en vous parlant du ministère de guérison et de miracles. J'ai conclu le chapitre huit en vous disant que les miracles inhabituels se manifestaient dans le ministère de Paul. La plupart d'entre nous seraient heureux de voir des miracles ordinaires. Le fait de recevoir des miracles spéciaux dépend de notre collaboration avec le Saint-Esprit. Notre sensibilité au Saint-Esprit dans le domaine des guérisons et des miracles détermine parfois le niveau auquel Dieu va agir.

Faire confiance aux méthodes de guérison de Dieu

Permettez-moi de vous dire que quand un don vient, soit vous le prenez soit vous le laissez. C'est une chose que Dieu le Père vous donne un don. Cela en est une autre de le recevoir. Vous devez être conditionné mentalement et alerte pour savoir comment recevoir ce que Dieu donne. Autrement Dieu vous le donnera mais vous passerez à côté.

J'aimerais vous rappeler une vérité de base de plus sur la guérison: j'ai prié pour beaucoup de gens au cours des années et j'ai vu beaucoup de miracles. Mai je veux vous encourager en vous disant que Dieu ne guérit pas forcément tout le monde immédiatement. Ce n'est qu'une des façons dont le Saint-Esprit gère ce que Christ lui a confié. Si vous avez prié pour la guérison, ou pour un miracle et que vous n'avez pas reçu de miracle, n'abandonnez pas. Dieu vous aime. Il est de votre côté. Mais vous devez rester sensible à la façon dont le Saint-Esprit va gérer ce dont vous avez besoin. Il peut le donner instantanément à une personne par un miracle extraordinaire et vous pourrez être à côté et ne rien recevoir de miraculeux. Cela ne veut pas dire que le Seigneur vous a mis de côté ou qu'il vous a oublié. Cela signifie simplement que vous devez prendre votre guérison par un autre chemin.

Dieu est souverain. Personne ne lui force la main. Vous comprenez? Nous ne disons pas à Dieu comment il doit faire. Nous essayons d'être sensible et soumis au Saint-Esprit et le laisser faire. Mais si vous lisez le récit de certains miracles visibles, cela peut changer le niveau de votre foi. J'espère que c'est ce que ce chapitre fera pour vous.

Un ministère qui se développe

Je vais maintenant partager avec vous quelques témoignages personnels parce que la façon dont je veux conclure le chapitre peut vous paraître extraordinaire. Si je ne donne pas d'abord quelques explications, vous ne pourrez pas me suivre et vous ne comprendrez pas ce que je vais vous partager. Je vais vous donner quelques exemples de ma vie dans le but d'édifier votre foi pour qu'à la fin du chapitre vous soyez mentalement préparé à saisir ce que Dieu va faire pour vous.

Depuis 1943, je crois en la guérison divine, je crois en la santé divine, et par la grâce de Dieu 95 pour cent de ma vie, je jouis de la santé et de la guérison. Je rends toute la gloire à Dieu pour la santé dont je jouis. Pourtant, alors que je croyais en la guérison, que je la prêchais, que je l'avais moi-même reçue à travers la foi en la parole de Dieu et que j'avais vu des gens guéris, je n'avais jamais vraiment eu le ministère de guérison.

Ma première femme, Lydia, avait un merveilleux ministère de prière. Elle a élevé une famille d'orphelines et d'enfants dans le besoin venant d'autres familles. Durant les années où elle a élevé ces enfants, ils ont rarement été chez le médecin. Laissez-moi vous préciser que je n'ai rien contre les médecins. Je remercie Dieu pour les médecins, les infirmières, les hôpitaux et les autres auxiliaires médicaux. Mais la plupart du temps quand les enfants étaient malades, ils venaient voir ma femme et lui disaient:"Prie pour moi." Elle priait et ils étaient guéris. Les enfants avaient une grande foi. Ils s'attendaient à être guéris, et ils avaient ce qu'ils attendaient. Durant de nombreuses années quand Lydia et moi voyagions et que nous exercions notre ministère je lui disais: "Je prêche et toi, tu pries pour les malades." Cela me semblait être une juste répartition du travail.

Nous sommes arrivés aux Etats-Unis en 1962, et vers la fin de l'année, nous étions sur la côte ouest dans l'Oregon pour des rassemblements dirigés par le frère mennonite Gerald Derstine. A la fin de la réunion, Lydia et moi sommes allés parler au frère Derstine et à sa femme. Après un court moment de partage personnel avec eux, ma femme dit: "Frère Derstine, voulez-vous prier pour moi?" Il le fit.

Après la prière, Gerald dit: "Soeur Prince, je sens que Dieu va faire quelque chose de nouveau pour vous très bientôt." Ma femme répondit: "Oui, j'ai aussi ce sentiment." Nous ne savions pas ce que ce quelque chose de nouveau serait.

Peu de temps après, nous avons déménagé dans le Minnesota, où je suis devenu pasteur d'une Assemblée de Dieu de Minneapolis. Un matin, ma femme et moi étions en train de prier ensemble comme nous le faisions tous les jours pour commencer la journée, quand nous avons senti la présence de Dieu flotter dans la pièce. Nous avions tous deux les bras levés pour louer Dieu, et quand nous avons terminé ma femme s'est tourné vers moi et m'a dit: "Dieu vient de me donner le don de guérison. Il me l'a mis dans la main." Je répondis: "Tu n'as pas besoin de me le dire. Je le savais déjà." Comment je le savais, mystère. Mais je le savais.

Après ce temps de prière, Lydia et moi sommes descendus pour la réunion de prière du matin dans l'église, qui avait lieu de dix heures du matin à midi. A la fin de la réunion, une petite femme vint vers ma femme et lui dit: "Soeur Prince, je ne me sens pas bien. Voulez-vous prier pour moi?" Sans réfléchir sur ce qui c'était passé avant, ma femme posa les mains sur elle. Ce faisant, la femme tomba par terre et y resta dix minutes. Après cela, elle se leva en s'excusant: "Je suis désolée. Je ne voulais pas. Mais il y avait une telle puissance, que je ne pouvais pas rester debout." Lydia et moi en avons conclu qu'il y avait effectivement quelque chose de nouveau.

Le don à l'oeuvre

Après cela, ma femme commença à prier pour les gens et il y eut un certain nombre de guérisons dans cette assemblée. Je vais vous expliquer exactement comme cela s'est passé. Cela montre que Dieu a le sens de l'humour. Je n'arrive à aucune autre conclusion à propos de ce que je vais décrire. Lydia disait toujours: "Ce n'est pas moi qui le fais. Je me recule et je m'attends à Dieu pour diriger le don à travers moi. Lorsque le don arrive, la personne le reçoit ou pas. Mais il est donné.

Lydia a prié pour de nombreuses personnes qui ont été guéries, mais le don de guérison qu'elle avait reçu agissait différemment. Ce qui était drôle, c'est que beaucoup de gens pour qui Lydia priait commençaient à sauter quand le don de guérison arrivait. On ne fait généralement pas ce genre de choses dans les assemblées de Dieu et c'était assez embarrassant. Mais ceux qui sautaient ainsi, étaient guéris. Il vaut mieux sauter et être guéri, n'est-ce pas? Il vaut mieux passer pour un fou et recevoir ce qu'on vient chercher. Certaines personnes sont si dignes qu'elles refusent de passer pour folles et ne reçoivent pas ce qu'elles viennent chercher.

Dans cette église, il y avait une Allemande âgée et corpulente qui avait un problème cardiaque. Elle voulait qu'on prie pour elle, mais elle ne voulait pas qu'on la voie sauter. Alors elle s'est dit qu'elle allait s'approcher sans bruit du Seigneur, ce qui est quelque chose de très dangereux à faire. Un jour, elle a attendu que nous soyons au parking près à rentrer chez nous pour nous dire: "Soeur Prince, voulez-vous prier pour moi?" Ma femme mit les mains sur elle et cette soeur allemande corpulente se mit à sauter dans le parking. Elle était debout devant la portière de sa voiture et son mari ne pouvait pas la faire monter dedans. Il est devenu très nerveux et dit: "que fais-tu? Si tu continues, la police va venir." Cette femme avait eu une double dose.

Le fait que les gens sautent ainsi quand Lydia priait pour eux a continué un moment jusqu'à ce que le phénomène cesse plus ou moins. Mais il a été remplacé par ce que j'appellerais un genre d'explosion. Quand Lydia priait pour les gens, parfois il y avait une petite explosion et parfois elle était forte. Ma femme et moi savions que quand l'explosion avait lieu, le don était donné. Et si la personne le recevait, elle était guérie. Lydia disait souvent aux gens qui venaient pour la prière: "Ecoutez, je vous demande une chose. Arrêtez de prier. Vous avez prié un long moment et rien ne s'est passé. S'il vous plaît, restez tranquille et laissez-moi prier. Quand vous serez guéri, remerciez Dieu." J'ai vu énormément de personnes guéries de cette façon à travers le ministère de ma femme.

En fait, vous pouvez être choqué de savoir que de nombreuses personnes prient d'une façon, qui les empêche de recevoir les choses qu'elles veulent recevoir. Que ce soit pour le baptême dans le Saint-Esprit, ou la délivrance, mais aussi pour la guérison. Prier, ce n'est pas recevoir. Prier, est une chose, recevoir en est une autre. Le fait de recevoir est vraiment un art spirituel. Si je continue à prier c'est la preuve que je n'ai pas reçu, parce que si j'ai reçu, je n'ai plus besoin de prier. Et si vous pouvez arrêter de prier, vous pouvez commencer à recevoir. Voyez-vous, le Seigneur n'est pas sourd. Quand vous lui dites que vous avez besoin d'être guéri, il vous entend dès la première fois. Et Jésus dit: *En priant, ne multipliez pas de vaines paroles.* (Matthieu 6:7) Le fait de continuer à prier peut être une preuve d'incrédulité.

Le besoin de miracles

Le ministère de guérison de Lydia fonctionnait bien. Je dois dire que j'étais plutôt content, de notre arrangement: je prêchais et Lydia priait pour la guérison des gens. Mais je me suis rendu compte que bien que le don de guérison soit merveilleux, l'église avait aussi besoin du don d'accomplir des miracles. L'Eglise de Jésus-Christ avait collectivement besoin de cela. J'étais persuadé que la manifestation publique, spectaculaire et visible de la puissance de Dieu pourrait accomplir des choses impossibles autrement. J'ai commencé à prier que Dieu restaure le don d'accomplir les miracles comme il l'avait prévu. Si vous priez, vous devez être prêt à vous engager dans ce pour quoi vous avez prié. Finalement, Dieu me donna le don d'accomplir des miracles même s'il ne me l'a pas donné comme je m'y attendais.

Dans les paragraphes qui suivent, je vais vous raconter comment j'ai été impliqué dans le don d'opérer des miracles. Ce que je vais vous dire peut vous sembler extraordinaire, mais c'est vraiment ainsi que les choses se sont passées.

En juin 1970, j'ai eu le privilège d'être l'enseignant biblique lors de la conférence mondiale des Hommes d'Affaires du Plein Evangile qui avait lieu à Chicago à l'hôtel Conrad Hilton. Le soir, ceux d'entre nous qui prenaient part à la convention étaient invités dans la suite du dernier étage où résidait la famille Shakarian. (Demos Shakarian dont la famille a émigré d'Arménie vers les Etats-Unis est le fondateur des Hommes d'Affaires du Plein Evangile).

Lydia et moi sommes arrivés dans la suite, où la plupart des directeurs internationaux des Hommes d'Affaires du Plein Evangile, la famille Shakarian et beaucoup d'autres personnes étaient réunies. Je connaissais beaucoup de ces gens personnellement, y compris un petit homme d'Oklahoma City. Quand nous sommes arrivés, il était en train d'expliquer aux gens que Dieu rallonge des jambes et que cela arrivait à travers son ministère. J'étais là et j'écoutais tout en restant assez

133

détaché. Je décidai de ne pas prendre parti sur le sujet mais de rester ouvert pour voir ce que cela pouvait donner.

L'homme de l'Oklahoma était calme, modeste et doux. Il avait pris beaucoup de temps pour préparer les gens. Il les a fait asseoir un par un sur une chaise. Il a fait les choses de façon très méthodique. Il avait une règle, il levait les jambes des personnes assises sur la chaise et il mesurait la différence entre elles, jusqu'à deux mm. S'il priait pour une femme, il drapait une serviette autour de ses genoux par délicatesse. Tout le processus se faisait décemment et dans l'ordre. Comme je regardais, je vis la jambe d'une personne se rallonger sous mes yeux. Puis la jambe d'une autre personne.

Sur la chaise

A ce stade, je dis à ma femme: "Je crois que tu ferais bien d'aller sur cette chaise." Lydia s'assit sur la chaise, puis tendit ses jambes qui furent mesurées. Sa jambe gauche était plus courte de près de trois centimètres; elle ne savait pas qu'elle avait une différence entre ses deux jambes. Souvent, quand les gens me disent: "Je sais que mes jambes ont la même longueur", je souris parce que généralement ce n'est pas le cas.

Ce soir-là en quelques secondes, j'ai vu la jambe gauche de ma femme se rallonger de près de trois centimètres. Quand elle s'est levée de la chaise, elle me dit: "Tu devrais y aller."

Je lui répondis: "Oh non, tout va bien. Je n'ai pas besoin d'aller sur cette chaise."

Elle insista: "Vas-y".

Je protestai: "Non, je n'irai pas."

Elle insista: "Oui, il faut que tu y ailles", donc je le faisais.

On mesura mes jambes soigneusement pour constater que ma jambe gauche avait 6,5 mm de moins que la droite. En m'asseyant sur la chaise, je me suis soudain souvenu que ma mère m'avait dit que quand j'avais dix-huit mois, les médecins lui avaient dit que mes jambes n'avaient pas la même longueur et j'avais eu une attelle pendant un an et demi. Soudain, j'ai commencé à voir que c'était crédible. Le frère de l'Oklahoma prit mon pied, et je sentis ma jambe gauche grandir. Elle n'a pas grandi graduellement, mais en un seul mouvement. Ce qui m'a frappé, c'est qu'elle bougeait à partir de la hanche et non du pied. Je savais que cela n'avait rien à voir avec l'homme qui priait. C'était comme si une main invisible avait poussé ma hanche de 6,5 mm.

A cette époque, je pensais que j'étais en bonne santé. Mais vous pouvez être tellement habitué à l'état dans lequel vous êtes que vous ne le considérez plus comme anormal. J'ai réalisé que si je prêchais une heure, j'avais une sorte de sensation de brûlure dans le creux du dos. Une fois ma jambe rallongée (malheureusement pour mes paroissiens) je pouvais rester debout trois heures sans ressentir de douleur.

Je relate les résultats de cette rencontre objectivement. A cette époque, ma femme et moi étions mariés depuis vingt-cinq ans, mais nous n'avions jamais pu marcher ensemble car elle faisait de si petits pas que je n'arrivais pas à me caler sur elle. Je marchais devant, puis retournait vers elle, et de nouveau devant. Les gens disaient souvent: "Qu'est-ce qui vous arrive? Vous vous êtes disputés?"

Le jour suivant la prière, quand Lydia et moi sommes allés nous promener son pas s'était allongé de moitié sans qu'elle le réalise. Elle n'y avait pas fait attention; c'était juste arrivé. Et comme elle était tellement habituée à avoir à pousser sa jambe gauche pour combler la différence de longueur du pas, quand sa jambe a rallongé elle a continué à la pousser en marchant et s'est cogné le talon de son pied.

Je peux le faire!

Tandis que ce soir-là je restai à regarder la jambe rallonger quelque chose en moi m'a dit: "Tu peux le faire!" et sans réfléchir, j'ai dit: "Tu sais, je crois que je peux le faire." Le frère Demos Shakarian s'est tourné vers moi et m'a dit: "Bien sûr que tu peux le faire, frère Prince." Je me suis dit que ce n'était peut-être pas aussi simple que cela. Mais quelque chose avait commencé à bouger en moi.

En début d'année, j'avais reçu une lettre de John Beckett, un ami d'Elyria dans l'Ohio. John est un homme d'affaires qui réussit. Il est président de sa corporation et diplômé en ingénierie de l'Institut de Technologie du Massachusetts. Autrement dit, ce n'est pas un excentrique, mais un chrétien épanoui. John me raconta dans sa lettre que lors d'une récente convention, quelque soixante ou soixante-dix personnes avaient eu la jambe rallongée en réponse à la prière. Souvent, ce résultat avait été accompagné par la guérison d'autres maladies comme l'arthrite. A travers ce rapport et d'autres rencontres, j'étais déjà un peu conditionné pour aller plus loin dans ce ministère.

En août 1970, j'étais l'un des trois ou quatre prédicateurs à l'institut d'enseignement Layman sur l'île de la Jamaïque. Le frère Charles Simpson était l'un des enseignants, et le frère Don Basham un autre. John Beckett était l'un des laïques venus en Jamaïque pour la formation. Il n'était pas là depuis vingt-quatre heures que des jambes se mirent à se rallonger à droite et à gauche en réponse à la prière.

A chaque fois, je voyais des gens qui n'y croyaient pas expérimenter cette réalité. La femme propriétaire de l'hôtel, s'assit sur la chaise et regarda ébahie, sa jambe gauche s'allonger. Cela se répandit comme une épidémie. Un soir, alors que j'étais assis près de la piscine, un des laïcs alla voir le gardien qui était Jamaïcain et lui dit: "Si vous voyez un miracle se produire devant vos yeux, confesserez-vous que Jésus-Christ est Seigneur?" Le pauvre homme ne savait vraiment pas quoi dire, alors l'homme l'assit sur une chaise et mesura ses jambes. Il y en avait une plus courte que l'autre et elle se mit à s'allonger. John Beckett alla au port de Montego Bay pour se faire couper les cheveux, et le barbier finit sur une chaise la jambe rallongée.

Après avoir fait cela pendant un certain temps, John Beckett me dit: "Si tu veux toi aussi faire cela, tu ferais mieux de commencer quand on a encore des clients. Nous allons manquer de patients." Et nous en manquions vraiment. Il était difficile de trouver quelqu'un qui avait encore un problème de jambe plus courte que l'autre.

John trouva une femme et l'assit sur la chaise pour que je prie pour elle. Puis il dit: "Maintenant, le truc, c'est de savoir comment tenir la jambe. Quand tu auras compris cela, le reste suivra." J'espérais qu'il avait raison, et je tins la jambe de la femme comme il me l'avait dit. Je me mis à genoux devant elle, en transpirant beaucoup et la jambe de la femme s'allongea lentement mais sûrement. Elle s'agrandit de 1, 27 cm. Je savais que j'avais compris mais je n'étais pas sûr de moi.

Une percée

Après cette conférence, je dus retourner en Angleterre. Ma mère était décédée au début de l'année, et je devais m'occuper d'un certain nombre de choses. Je retournai aux Etats-Unis juste à temps pour être l'un des enseignants d'une conférence charismatique à Eatonton en Georgie. Le premier matin où j'étais là, je ne me sentais pas prêt à exercer mon ministère envers les gens. En fait, je sentais que c'était moi qui avais besoin de ministère. Je sortis donc dans la forêt pour être seul avec Dieu. Je me prosternai la face contre terre devant l'Eternel, et je demandai à Dieu de me sonder, de me purifier, de me renouveler et de me rendre apte à exercer mon ministère auprès des gens. Tout en priant, je demandai à Dieu de me montrer s'il y avait quelque chose en moi qui serait un obstacle à son oeuvre, et quelque chose d'étrange se produisit. Alors que je me tenais devant l'Eternel, un mot me vint à l'esprit: *gêne*.

A cette époque, j'étais dans le ministère de délivrance depuis plusieurs années et j'ai réalisé que c'était le nom d'un esprit. *Gêne?* Je pensais: *je ne suis pas gêné*. Puis je me souvins comment toute ma vie j'avais toujours été effrayé par le public. Même alors que j'avais six ou sept ans si ma mère venait dans un magasin argumenter avec le marchand je disais: "Vas-y, je reste dehors. Je ne veux pas m'en mêler." En regardant ma vie sous l'inspiration du Saint-Esprit je vis comment je m'étais toujours débrouillé pour éviter la confrontation et la gêne publique. Quand vous êtes prédicateur, c'est très stressant parce qu'un prédicateur a affaire au public.

"Seigneur", dis-je "s'il y a cet esprit de gêne en moi, je n'en veux pas." Immédiatement, je sentis qu'il me quittait. Je savais que j'en avais été débarrassé. Je sentis en moi l'assurance que j'étais purifié, renouvelé et envoyé par Dieu. Je me levais et je retournais au camp. Je savais que j'étais prêt.

Par où commencer?

Je fis cette prière à propos du ministère de "rallongement des jambes": "Seigneur, si tu veux que je m'engage dans ces choses, tu dois me montrer par où commencer. Je ne vais pas commencer tant que je n'aurais pas de direction de ta part. Le jour même, j'étais assis pour déjeuner près d'un jeune homme appelé Paul Petrie, que je connaissais bien et qui était dans le ministère à plein temps. Je lui parlais de cette lutte en moi concernant ce ministère et il me dit: "Frère Prince, vous devriez commencer par moi."

"Qu'avez-vous?" lui demandais-je

Il me répondit: "Je suis tordu de partout. J'ai une jambe plus courte que l'autre, un bras plus court que l'autre." Puis il ajouta: "Il y a aussi mes dents."

Je lui demandais quel était le problème avec ses dents.

Il retroussa sa lèvre inférieure et me montra:"Vous pouvez voir que la mâchoire inférieure est complètement inégale. Certaines dents sont trop hautes, d'autres trop basses certaines devant, d'autres derrière."

Son invitation n'était pas vraiment la bienvenue. Pourtant, je lui dis: "Commençons par votre jambe." Je l'assis sur une chaise au milieu de la salle à manger et levai ses jambes. Il y avait plus de 2,5 cm de différence et sa jambe gauche grandit instantanément. Un peu encouragé, je lui dis: "On va maintenant essayer vos bras." Je le mis contre un poteau au beau milieu de la salle à manger puis je lui fis balancer les bras et les lever, les paumes collées. Il y avait bien 2,5 cm de différence entre ses deux bras aussi. Instantanément, le bras le plus court grandit.

Honnêtement, j'aurais été content de m'arrêter là mais Paul dit: "Et mes dents?" *Après tout cela,* je me suis dit, *je ne peux vraiment pas refuser.* Alors je dis à Paul "Nous allons voir ce que Dieu va faire. Fermez votre bouche." Puis je plaçais mes mains sur ses joues et je priais pour lui jusqu'à ce que je sente que j'étais en contact avec Dieu. Je pensais: *Je ferai mieux de fortifier sa foi.* Alors je lui ai demandé s'il sentait quelque chose dans sa bouche, s'il sentait qu'elle était comme pleine? Paul répondit par l'affirmative. "Bien" lui dis-je, "peut-être que Dieu est en train de faire quelque chose."

Pendant ce temps-là, les gens affluaient de partout. Ils commencèrent à faire la queue, je passais donc les vingt minutes qui suivirent avec des gens qui défilaient sur la chaise, leurs bras et leurs jambes s'allongeant rapidement. J'avais un rendez-vous dans une autre partie du camp et je dus partir. Alors que j'étais en chemin, la femme de Paul Petrie, Becky, vint vers moi en courant, essoufflée.

"Voulez-vous voir les dents de Paul?" me demanda-t-elle.

"Pourquoi? Que s'est-il passé?" lui demandai-je.

"Elles sont complètement redressées", me répondit-elle.

Alors je lui dis que je voulais voir ça.

Nous sommes retournés là où était Paul et j'examinai ses dents. La mâchoire inférieure était complètement redressée; les dents n'étaient plus ni en avant, ni en arrière, en haut ou en bas. Alors Paul me dit "Elles ont encore besoin d'être couronnées." Je lui répondis: "Je crois que nous allons laisser cela au Seigneur."

Lancé!

C'est ainsi que j'ai été propulsé dans le ministère de rallongement de jambes et de bras. Lors de ce camp, j'ai dû prier pour au moins deux cents personnes dont les bras et les jambes se sont rallongés. D'autres choses se produisirent aussi. Des oreilles de sourds se débouchèrent. D'autres miracles et des guérisons se produisirent.

Après un moment, les gens dirent: "Si c'est si facile, nous pouvons le faire", et gloire à Dieu, ils y sont arrivés! C'est cela qui est bien, il n'y a pas de monopole, croyez-moi.

Au beau milieu de tout cela, certains de mes amis bien intentionnés me dirent: "Tu sais, pour un enseignant biblique connu comme toi, s'agenouiller par terre, prendre les jambes des gens, ce n'est pas très digne. Comment sais-tu que tu n'es pas en train de te fourvoyer? Comment sais-tu que cela vient de Dieu?"

Ces questions me troublèrent. Ma première réponse fut: *Je vais ralentir un peu et voir comment ça se passe.* J'ai commencé à chercher Dieu et il me répondit très clairement. Je n'ai pas entendu sa voix de façon audible mais il me dit: "Je t'ai donné un don, et tu as deux possibilités : tu peux t'en servir et il va grandir ou tu peux ne pas l'utiliser et le perdre." Le seigneur me donna aussi ce passage: "Car on donnera à celui qui a et il sera dans l'abondance, mais à celui qui n'a pas, on ôtera même ce qu'il a." (Matthieu 13: 12) En réponse, je dis: "Seigneur, je vais l'utiliser. Je me moque de ce que les gens pensent. J'ai déjà été controversé. Je le serai encore. Mais je vais l'utiliser." Et je l'ai fait. Beaucoup de gens perdent leurs dons spirituels parce qu'ils les ignorent ou parce qu'ils ont peur de les utiliser. Si Dieu me donne la capacité d'aider les gens, je sais que je suis responsable à double titre: devant Dieu et devant les hommes.

Peu à peu, Dieu a honoré sa promesse. Il m'en a donné de plus en plus. Plus je l'utilisais, plus j'en témoignais, plus j'avais de l'audace. Plus je mettais Dieu en avant, plus Il répondait.

Dans le chapitre suivant, vous verrez la puissance de miracle de Dieu de façon très concrète.

Chapitre 12
En action!

Je vais vous donner quelques principes de base concernant la préparation à la guérison, puis je vais vous donner la possibilité de regarder pour voir le ministère de façon concrète.

Le booster de foi deDieu

Les principes de base que je vais partager avec vous sont très importants alors j'aimerais que vous y fassiez attention. Durant de nombreux siècles, la foi de l'Eglise chrétienne a été à un niveau si lamentablement bas que Dieu a dû venir à notre aide. J'ai vu des chrétiens fidèles à leur église depuis plus de vingt ans qui n'avaient jamais vu un seul miracle de toute leur vie. C'est pourquoi j'appelle ce ministère inhabituel de rallongement de bras et de jambes "le booster de foi de Dieu." Quand la NASA voulait envoyer un satellite en orbite, elle devait avoir un booster pour la faire sortir de l'atmosphère terrestre en dehors du champ de gravité. Une fois en orbite elle continuait de faire des cercles tant que la NASA le décidait.

Ce miracle simple et visible de bras et de jambes qui rallongent que vous pouvez voir et sentir dans votre corps, est le "booster" de foi de Dieu. Il vous mettra en orbite, en dehors du champ de gravité. C'est ce que Dieu fera pour vous. Souvent, je prie pour des gens qui me disent qu'ils ne croient pas. Je réponds: "Cela ne fait rien, moi je crois, cela va arriver. Mais quand ça arrive, quand vous êtes en orbite c'est votre responsabilité." J'ajoute: "Ne faites pas votre rentrée trop tôt. Restez en orbite jusqu'à ce que vous ayez tout ce dont vous avez besoin. Quand la puissance de Dieu agit dans votre jambe ou votre bras, et que vous la voyez à l'oeuvre, ouvrez-vous et laissez chaque zone de votre corps être guérie."

Il est très important d'avoir la bonne attitude. Vous pouvez avoir quinze maladies différentes, mais c'est le temps d'être guéri. Si vous restez en orbite assez longtemps, vous reviendrez en bonne santé. Si vous revenez trop tôt, vous n'aurez pas tout.

C'est plutôt drôle mais les gens sont venus me voir et m'ont dit: "Vous savez, frère Prince, ma jambe s'est rallongée de 2,54 cm. mais je n'ai pas été guéri de mon problème de vue." Il est étonnant que les gens disent: "La seule chose qui me soit arrivée, c'est que ma jambe ait grandi de 2,5 cm", parce qu'il y a quelques années avant que ce ministère ne commence, personne n'aurait parlé ainsi. Les gens auraient dit: "Savez-vous ce qui m'est arrivé? Ma jambe a grandi de 2,5 cm!"

Je vais vous décrire le miracle de la jambe rallongée d'une autre façon. Quand ce miracle a lieu dans votre corps, c'est comme si vous étiez branché à une prise. Vous savez maintenant que le courant passe. Je vous conseille de rester branché jusqu'à ce que vous ayez tout ce dont vous avez besoin. Ne débranchez pas la prise trop tôt. Vous n'aurez jamais d'aussi bonnes occasions que quand la puissance de miracle de Dieu agit dans votre corps.

Vous vous demandez peut-être comment rester branché. Je vous répondrai: non pas en priant, mais en remerciant. Tout ce que vous avez à faire, c'est de vous relaxer. N'essayez pas de créer quoi que ce soit. Vous n'y arriverez pas en faisant des efforts. Relaxez-vous et laissez le Seigneur faire le miracle. Puis, continuez à le remercier. Nous devons tous à Dieu un milliard de remerciements. Commençons à le rembourser. On reçoit beaucoup plus en remerciant qu'en priant.

Témoignages de guérisons

Je vais maintenant vous donner quelques exemples pour illustrer mes propos. En septembre 1970, j'enseignais à la convention régionale des Hommes d'Affaires du Plein Evangile à Charlotte en Caroline du Nord. Kathryn Kuhlman était là la veille et la salle de réunion de l'hôtel était comble. Il y avait là six cents ou sept cents personnes. Je dirigeai le dernier service et sans l'avoir planifié j'ai commencé à parler des jambes qui rallongeaient. Après cela, qu'importe ce dont je parlais, le rallongement des jambes, voilà ce que les gens voulaient. A la fin de ma présentation, j'étais entouré par une horde de gens me demandant de prier pour eux. Je les fis asseoir et commençai à prier.

Un ministère inattendu

Quelques mois plus tard, j'étais avec le frère Demos Shakarian à Chicago et il me raconta une histoire que j'ignorais à propos de cette réunion. Il me dit: "Lors de cette réunion quand tu as rendu témoignage, j'ai vu que tu ne pourrais pas prier pour tous les gens qui attendaient. C'est alors que quelqu'un est venu me demander: "Est-ce que vous rallongez les jambes frère Shakarian?" Demos ajouta: "C'était la seule chose à laquelle je ne voulais surtout pas être mêlé, mais l'homme insista tant que je pris sa jambe pour prier. A mon grand étonnement, sa jambe se rallongea. Puis il me dit: "Frère Prince, tu ne le savais pas, mais j'étais là dans la salle de 22 heures à 1 heure du matin à prier pour les jambes des gens. La salle était si pleine et il se passait tant de choses qu'il m'était impossible de le voir, et je ne savais pas du tout qu'il priait pour les gens.

La table d'opération de Dieu

Personnellement, j'y étais de 22 heures à minuit. Quand j'ai traversé le hall de l'hôtel et il y avait encore une file de gens mais je dis: "Il est minuit, la boutique ferme. Je vais me coucher." Une femme qui se tenait dans la file juste devant moi s'indigna. Elle me dit: "je suis restée là une heure à attendre que vous priiez pour moi. Allez-vous vous coucher sans prier pour moi?" Je lui répondis: "Asseyez-vous et ne parlez pas." Elle s'assit et je pris ses jambes. L'une était plus courte que l'autre et elle se mit instantanément à grandir. Je lui dis: "Bonne nuit, je vais me coucher." Et je disparus vers ma chambre.

Un mois plus tard, j'ai reçu une lettre de cette femme. Elle commençait par dire que je ne me souviendrais pas d'elle puis procédait à un descriptif de sa personne et de la situation pour que je sache qui elle était. Elle continuait: "Vous ne m'avez jamais donné le temps de vous dire, mais quand vous avez prié pour moi j'avais une double courbure de la colonne vertébrale. Une fois ma jambe rallongée, c'est comme si j'étais sur la table d'opération de Dieu durant 48 heures. J'étais sans cesse sous la puissance de Dieu. A la fin de cette période, ma colonne était complètement redressée." C'est le parfait exemple de ce qui se passe quand on reste branché. Elle n'a pas fait cela parce que je le lui ai dit, parce que quand j'ai prié pour elle j'étais fatigué de mon travail. Mais elle l'a fait pour rester branchée à la puissance du Seigneur et elle a reçu une guérison remarquable.

Une rotule toute neuve

L'année qui suivit les événements que je viens de décrire, je me retrouvais au camp de printemps dans le Tennessee au même endroit où j'avais commencé ce ministère. J'étais chaque soir engagé pour prier pour les gens. Des jambes s'allongeaient, des bras, puis sur la base de ces résultats d'autres miracles eurent lieu. Dans ce camp, il y avait une femme qui avait subi une ablation de la rotule et elle vit tout ce qui se passait. Je n'ai jamais prié pour elle, mais elle retourna dans son chalet et trois femmes prièrent pour elle. Vingt-quatre heures plus tard, elle avait une rotule toute neuve. Elle portait en général des robes un peu plus longues que la moyenne pour cacher la rotule manquante. C'était plutôt drôle parce que quand le Seigneur lui a donné une nouvelle rotule elle en était si fière qu'elle a remonté l'ourlet de sa robe pour le montrer.

Cette même femme était à une réunion à Arlington en Virginie plus tard cette année-là, où il se trouvait que j'enseignais. La réunion avait lieu dans l'église épiscopale et elle est venue devant et a donné son témoignage en personne et a permis à tout le monde de voir sa rotule. A cette réunion, je lui ai demandé ce qui c'était passé quand les trois femmes ont prié pour elle. "Avez-vous eu des résultats immédiats?" Elle répondit: "Au début, j'ai juste senti une chaleur agréable dans le genou. Mais j'ai continué à louer Dieu et vingt-quatre heures plus tard, j'avais une rotule."

Cette femme était spirituellement intelligente. Beaucoup de gens en sentant la chaleur auraient regardé en bas, auraient vu que le genou était le même et auraient dit: "Rien ne se passe". Ils auraient débranché la prise à ce stade et n'auraient rien reçu de plus. Vous comprenez ce que je dis? Au lieu de cela, elle est restée branchée, et c'est là la clé. C'est disposer votre esprit pour que quand la puissance de Dieu commence à agir, vous alliez de l'avant afin d'obtenir ce dont vous avez besoin.

Un message non planifié

Quelques mois après cela, j'étais avec le frère Demos Shakarian toujours pour les Hommes d'Affaires du Plein Evangile, à une convention régionale à Chicago. J'étais l'orateur du banquet le dernier soir de la convention et j'avais un message tout préparé sur la prière pour le gouvernement. En toute humilité, j'allais vraiment leur donner! C'était juste un mois avant l'élection nationale et j'avais tout ce que j'allais partager dans la tête.

Contrairement à ce que j'avais prévu, je commençais à parler des jambes. Une fois engagé sur ce sujet, impossible de faire marche arrière. On ne peut que continuer à avancer. Au milieu de mon message, Demos se leva et raconta l'incident de la salle de danse lors de la réunion à Charlotte. A la fin de mon partage, je dis: "Allons-y, Demos prends une chaise de ce côté, et moi j'en prends une de ce côté-ci." Il semble que plus on a d'audace, plus Dieu nous soutient. La première personne pour qui Demos a prié était chiropracteur et sa jambe s'allongea. A partir de cet instant il fut notre plus fervent supporter. Il se levait et disait: "Elle grandit, La cheville tourne. Je la vois." Un peu plus tard ce fut au tour de la femme du chiropracteur de venir sur la chaise. Je ne sais pas ce qui n'allait pas chez elle, mais j'ai pris ses jambes et ce qui s'est passé répondait vraiment à son besoin. Quand elle a su qu'elle était guérie (et le chiropracteur regardait tout du long) elle se leva de la chaise, pointa du doigt son mari et lui dit: "A partir de maintenant, tu es renvoyé!"

La présence de l'Esprit de miracles

J'étais à une réunion à l'hôtel Hilton à la Nouvelle Orléans. Nous étions en train d'exercer notre ministère de rallongement de jambes et de bras, et un certain nombre de miracles avait lieu. Une femme se leva et dit: "Priez pour ma jambe." Je lui demandais ce qu'elle avait. Elle me dit: "J'ai eu la polio enfant et ma jambe gauche fait 7,5 cm de moins que ma jambe droite. Alors je lui dis de s'asseoir.

Elle portait des bottes qui lui arrivaient jusque sous le genou, en partie pour cacher l'inégalité de ses jambes, je suppose. Je levais ses jambes et je les mesurais soigneusement, elles étaient exactement de la même longueur. Je lui dis que je ne pouvais pas prier pour elle puisque ses jambes avaient la même longueur. Elle me répondit que c'était impossible car sa jambe gauche était plus courte de 7,5 cm. "Et bien regardez" lui dis-je. Elle regarda puis enleva ses bottes - que dis-je, elle les arracha. Puis elle dit: "Mesurez-les sans les bottes!" Je le fis et ses jambes étaient exactement de la même taille. Soudain, elle réalisa ce qui s'était passé et elle laissa échapper un cri. Elle demanda où se trouvait son mari. "Il faut que je lui dise."

Qu'avait fait le Seigneur? Il avait allongé sa jambe gauche de 7,5 cm sans qu'on prie pour elle et sans qu'elle sache ce qui s'était passé. C'est l'Esprit de miracles et il peut planer sur un endroit. Si nous agissons avec Dieu il n'y a pas de limite à ce qu'Il peut faire.

Alors que j'exerçais mon ministère à Shreveport en Louisiane, une femme est venue me voir et m'a dit: "Vous ne devez pas vous souvenir de moi mais vous avez prié pour ma fille à Mobile en Alabama. Elle avait la polio. Ses jambes étaient inégales et sa jambe s'est rallongée. Mais tandis que vous priiez pour ma fille, Dieu a guéri mon traumatisme cérébral. Je ne lui avais même pas demandé et je n'ai réalisé ce qui s'est passé qu'au moment de partir, un peu plus tard.

Il y aura un moment où l'Esprit de miracles sera là, et vous recevrez votre guérison. Nous devons être sensibles, réceptifs et y répondre.

Recevoir le "forfait intégral"

Dans un chapitre précédent, j'ai mentionné que j'exerçais mon ministère dans une église méthodiste à Falls Church en Virginie et une femme est venue me voir; elle était juge et membre de la court suprême de l'Etat de Virginie. Elle me dit: "Frère Prince, pouvez-vous m'aider? J'ai des douleurs continuelles depuis dix ans, jour et nuit. Je souffre en permanence, et aucun antalgique ne me soulage." Je lui demandais quel était son problème. Cela faisait dix ans qu'elle avait un problème intestinal et elle a commencé à énumérer ses maux. Enfin, je lui dis: "Laissez tomber, vous avez besoin du forfait intégral."

Puis je lui dis ceci: "Quand nous allons commencer à prier pour les gens, n'allez pas tout de suite sur la chaise. Restez à côté, et regardez ce que Dieu fait jusqu'à ce que votre foi soit fortifiée. Quand vous serez prête, asseyez-vous sur la chaise." Après vingt minutes, je lui demandais si elle était prête. Elle me répondit par l'affirmative. "Voilà, vous allez prendre le forfait intégral". Quand elle s'est assise sur la chaise, j'ai levé ses jambes et elles étaient en effet inégales.

La jambe la plus courte s'allongea et je restai en arrière pour regarder. Durant environ dix ou quinze minutes un petit groupe dont ma femme se tint à côté et regarda Dieu agir dans son corps. Il la parcourut zone par zone. A la fin des quinze minutes, elle était apparemment complètement guérie. Dieu avait complètement restauré tout son être intérieur. Elle me dit personnellement que la puissance de Dieu l'avait enlevée en esprit et qu'elle s'était retrouvée hors du monde durant quarante-cinq minutes. Quand elle est revenue, elle était libre de toute douleur pour la première fois depuis dix ans. Plus tard, elle a découvert que quand ses intestins avaient été opérés, les médecins lui avaient mis des pinces en métal pour les maintenir en place. Quand Dieu l'a guérie, Il a enlevé les pinces. Il n'y en avait plus aucune trace.

Cette femme est une personne très en vue, c'est une personnalité connue là où elle habite. Elle a raconté partout son histoire. Je l'ai rencontrée quelques années plus tard à Ardmore, en Oklahoma et elle me dit: "Frère Prince, vous pouvez raconter partout mon histoire." Ma femme Lydia, lui demanda ce qu'elle avait ressenti quand Dieu l'avait guérie. Cette femme avait une façon de parler très concrète et elle répondit: "C'était comme si quinze plombiers agissaient dans mon estomac et commençaient à souder des tuyaux."

Guérison d'une arthrite ankylosante

Peu après cette réunion, j'étais en Espagne où je parlais à un groupe de personnes venues de Scandinavie, des Pays-Bas, d'Angleterre, et d'autres pays et la plupart d'entre eux n'étaient pas du tout charismatique. Il me fallut trois matinées pour arriver à ce sujet et je dus le présenter très lentement. Lors de la troisième matinée, Dieu agit et les terrassa. Une femme, infirmière en chef d'un hôpital anglais avait été infirmière durant quarante ans. Elle était si handicapée par l'arthrite qu'elle ne pouvait plus se pencher. Je prenais sa jambe et elle se mit à s'allonger rapidement. Puis Dieu la guérit complètement. Après la prière, elle se pencha, toucha ses doigts de pied, et bougea son dos. Un témoignage d'une telle personne et vous êtes convaincu. Cela brise toutes les réserves, les incertitudes et les doutes. Et Dieu fit encore plus de miracles étonnants en Espagne.

Une colonne vertébrale déformée guérie

Rien ne me fascine d'avantage que de voir Dieu agir dans un corps. Il y avait là une femme anglaise, je dirais qu'elle avait environ quarante ans. Je ne savais pas ce qui n'allait pas chez elle, alors elle commença à me le raconter. Finalement je lui dis la même chose que ce que j'avais dit à la femme qui souffrait constamment: "Vous avez besoin du forfait intégral. Tenons-nous en à cela." Quand j'ai prié pour elle, sa jambe s'est immédiatement rallongée et je savais que quelque chose se passait. A ce stade, je me tins en arrière pour voir ce que Dieu allait faire. Elle avait la colonne vertébrale déformée, entre autres choses, et cette déformation affectait aussi sa cage thoracique. En fait sa guérison fut très comique. Elle ressemblait à l'un de ces pantins dont on tire les ficelles: quand on tire sur la ficelle, le bras se soulève et si on tire de nouveau, c'est la jambe qui se lève. Elle était assise depuis dix minutes quand cela arriva. Nous étions là debout à regarder. Personne ne la touchait. A la fin elle était complètement guérie. Elle nous dit le jour suivant que sa colonne et ses côtes étaient complètement redressées et que tout était à la bonne place.

Des années restaurées par Dieu

J'aimerais introduire le prochain témoignage de miracle par un passage biblique. Le Seigneur dit à travers le prophète Joël:

Les aires se rempliront de grain, et les cuves regorgeront de vin nouveau et d'huile. Je vous restituerai les années qu'ont dévorées la sauterelle, le grillon, le criquet et la chenille. (Joël 2:4-25)

Je pensais que ce passage disait: "Je chasserai les sauterelles." Mais il est dit plus que cela. Il dit: "Je restituerai les années qu'elles ont dévorées." Le Seigneur a rendu cette vérité réelle pour moi quand j'ai prié pour une femme à Birmingham en Alabama. Nous avions une conférence des Hommes d'affaires du Plein Evangile dans laquelle Dieu rallongeait des jambes et je disais aux gens: "Prenez le forfait intégral. Ne vous contentez pas du rallongement de votre jambe, mais quand cela arrive prenez tout."

Une femme vint, et je ne crois pas qu'elle savait vraiment ce qui se passait. Elle avait plutôt un aspect pathétique. Elle avait une maladie qui lui brisait les os. Sa jambe et son bras gauches étaient partiellement paralysés. Les muscles de son visage étaient paralysés du même côté, ce qui lui faisait un visage tordu et elle ne pouvait absolument pas sourire. Son visage était couleur parchemin et elle était aussi misérable qu'on peut l'être. Elle commença à me dire tout ce qui n'allait pas chez elle et je lui dis: "Arrêtez, s'il vous plaît, parce que je ne pourrai pas me souvenir de tout. Nous allons voir ce que Dieu va faire."

Je priai pour elle et je ne saurai pas vous dire si j"avais la foi ou pas. Mais je sentis la puissance de Dieu et sa présence venir sur elle et je me mis en arrière et je ne fis plus rien. Durant les dix minutes qui suivirent un petit groupe se tint et regarda Dieu renouveler entièrement cette femme. Sa peau changea et apparemment, sa structure osseuse fut réparée car à la fin des dix minutes elle pouvait utiliser son bras et sa jambe gauches librement et elle pouvait sourire. Une femme qui se tenait là, qui la connaissait et était venue avec elle, dit: "Tu ressembles à ce que tu étais il y a dix ans!" En dix minutes, Dieu avait effacé dix ans de maladie, de souffrance et de tragédie. C'est ce que Dieu voulait dire: *Je restituerai les années qu'ont dévorées les sauterelles.* Le Psaume 103:5 dit ... *qui rassasie de biens ta vieillesse, qui te fais rajeunir comme l'aigle.*

En ayant lu ces histoires, vous devriez non seulement être prêt pour votre propre guérison mais aussi inspiré pour prier pour la guérison d'autres personnes aussi.

Un réel service de guérison

(Notes de l'éditeur: Dieu utilise différentes méthodes de guérison, comme cela est décrit dans ce livre. Ce qui suit est l'une de ces méthodes. C'est une transcription d'un service conduit par Derek Prince dans une église de six cents personnes. Comme Derek Prince l'a dit: "Ce n'est pas un gadget et ce n'est pas un jeu. C'est l'exercice d'un don spirituel." En lisant, imaginez-vous en train de regarder Derek exercer son ministère envers les gens, témoin de jambes et de bras qui s'allongent. Puis imaginez-vous assis sur la chaise, recevant tout ce que Dieu a pour vous.)

Ce que je voudrais faire maintenant c'est vous faire coopérer. Je vais vous demander deux chaises. En voici une. Mettez celle-là ici et l'autre de l'autre côté, un peu plus près. Merci. Bien.

Maintenant, plus il y aura de témoins proches, plus je serai content. J'aime particulièrement quand il y a des enfants ici. J'ai eu des enfants le nez à quelques centimètres de quelqu'un dont le talon s'allongeait. Je sais que quand un enfant voit quelques jambes se rallonger, peu importe ce que l'instituteur lui dit à l'école, cet enfant saura pour toujours qu'il y a un Dieu.

Bien, maintenant je vous donne les règles de base. Je vous demande de la discipline. Le Saint-Esprit ne provoque pas de confusion. Si nous sommes confus et indisciplinés, Il s'en va et sans lui, nous n'aurons rien. Nous devons coopérer avec le Saint-Esprit.

La deuxième chose c'est que je vous demande de me permettre d'avoir le choix absolu de la personne qui va s'asseoir sur la chaise. Je ne veux personne assis sur la chaise si je ne l'ai pas invité personnellement parce qu'il est important que je commence avec la bonne personne. Ma foi commence à un certain niveau. Quand je commence, j'ai la foi pour des choses et non pour d'autres, alors je commence par des cas faciles. Et quand ceux-ci marchent, alors la foi augmente chez les gens et chez moi. Mais si je prends la mauvaise personne pour commencer, nous perdons tous du temps. Il faut du temps pour rattraper un mauvais départ. Je l'ai fait une fois dans une église presbytérienne à Pittsburgh, nous n'allons pas entrer dans les détails, mais cela m'a servi de leçon.

L'autre point, c'est le comportement de l'église. Comme je l'ai déjà dit, je veux que vous compreniez que ce n'est pas le ministère d'une personne. C'est le corps qui exerce le ministère envers le corps. Et je veux que tous ceux qui croient soient dans la prière, dans l'adoration et dans la reconnaissance. Plus nous pouvons avoir une atmosphère de louange, d'adoration et de reconnaissance, plus le Saint-Esprit agira.

C'est toujours un pas dans l'inconnu. Je ne sais jamais ce qui va se passer. Je me lance et j'espère que Dieu est là pour me rattraper. En fait, il vous laissera aller mais il sera là pour vous rattraper. Laissez-moi vous dire que je ne suis pas médecin. Je suis un prédicateur de l'Evangile. Je respecte les chiropracteurs, les médecins, les chirurgiens, les dentistes. J'ai eu le privilège de prier pour au moins une demi-douzaine de chiropracteurs et tous ont reconnu un réel miracle. Alors je veux que vous compreniez que je ne suis pas en concurrence avec eux. Nous sommes tous dans la même équipe mais nous travaillons à des places différentes.

Maintenant, j'aimerais commencer avec quelqu'un qui a été diagnostiqué avec une jambe plus courte que l'autre et qui veut régler ce problème. "Vous avez une inégalité diagnostiquée? Qui a posé le diagnostic? De combien? Vous êtes celui qu'il me faut pour commencer. Vous voulez vous en débarrasser? Bien. Quelle jambe est-ce? La jambe droite. Attendez un instant. Votre jambe droite est plus courte. C'est bien cela? (Oui monsieur)

Bien. Asseyez-vous. Maintenant, je l'ai installé ici pour que vous puissiez voir la jambe grandir. Si vous avez plusieurs autres maladies, prenez le forfait intégral. D'accord? Je lève vos jambes. Vous avez raison. C'est à peu près 3,7 cm. Merci seigneur. Sentez-vous la jambe grandir? (Oui monsieur)

OK Apportons au Seigneur une offrande de reconnaissance. Alléluia. Gloire à Dieu. Merci Seigneur Jésus. Gloire à ton nom, Seigneur. Nous te louons et nous te remercions. Que ton nom soit béni. Amen. Alléluia, Gloire à Dieu.

Dieu va faire quelque chose de plus pour vous, frère. Asseyez-vous ici. Vous allez avoir un traitement global. C'est maintenant que nous adorons calmement le Seigneur parce que nous coopérons avec lui.

Merci Jésus. Nous te donnons la louange Seigneur. Nous te donnons la gloire. Bien.

Avons-nous quelqu'un avec le même genre de problème, de jambes inégales? Cet homme là. Vous louez le Seigneur. C'est une bonne chose. Nous ne voulons pas vous empêcher de le faire. Il doit y avoir d'autres personnes. Vous avez des jambes inégales? Comment le savez-vous? Vous n'avez pas de soutien? Non. Bon. Vous êtes celui qu'il nous faut. Pouvez-vous venir et vous asseoir sur cette chaise s'il vous plaît? Vous avez des problèmes de dos aussi? Quand votre jambe se rallongera, déposez-le. Vos problèmes de dos sont résolus. Vous avez besoin d'un forfait intégral? Vous l'aurez aussi.

J'aimerais vous dire quelque chose d'autre. J'ai appris tout cela par expérience. Ce n'est pas une théorie médicale. Mais fréquemment, la jambe courte dépasse l'autre jambe parfois de 2,5-3 cm. L'autre jambe se met alors à grandir pour être à la même longueur. Je sais que ce ne sont pas vraiment les jambes qui s'allongent mais le rééquilibre se fait à partir de la colonne et se voit dans les jambes. Si vous avez une courbure de la colonne, c'est normal. Voici comment vous allez guérir: la jambe la plus courte va dépasser l'autre, puis elle va à son tour grandir pour la rattraper et cela pourra se faire en trois ou quatre fois. Ce n'est pas un truc. Il n'y a pas forcément de changement dans la longueur des jambes mais c'est la manifestation de ce qui se passe dans la colonne. Il y a deux endroits où nous pouvons voir ce qui se passe au niveau de la colonne: dans les bras et dans les jambes. Et quand ces changements ont lieu, c'est que votre colonne se rééquilibre.

OK. Pouvez-vous vous mettre droit sur la chaise? C'est votre jambe droite et elle est plus courte de 2,5 cm. Vous voyez? La sentez-vous s'allonger? Bien. Restez ici et prenez le forfait intégral. Loué soit le Seigneur. Bien. Ca vient. Déplacez-vous. Le Saint-Esprit va visiter votre colonne vertébrale. Abandonnez-vous à lui. Ne le combattez pas. Je crois qu'il n'a pas terminé. Vous avez dit que vous vouliez le forfait intégral. Vous devez le saisir. Fixez votre esprit sur le Seigneur. Continuez à le louer et à le remercier.

Merci Jésus. Loué soit ton nom.

C'est cela. Quelque chose se passe maintenant. C'est bien. Ne le combattez pas. C'est le Saint-Esprit. C'est le meilleur chiropracteur au monde. C'est bien. Merci Seigneur. Merci Jésus. Louons tous le Seigneur. Ce n'est pas toujours facile de se laisser aller devant tout le monde. Alléluia. Merci, Seigneur. C'est bien. Gloire à Dieu. Alléluia. Quand ce sera terminé, vous aurez une colonne vertébrale redressée.

Vous comprenez ce que je vous dis quand je parle de l'action du Seigneur? Cela n'a rien à voir avec moi. Je ne suis pas là; je ne touche pas la personne, mais c'est Dieu qui le fait. Amen. Merci, Seigneur. Loué soit ton merveilleux nom. Gloire à Dieu. Nous te rendons louange et gloire dans le nom de Jésus.

Cette femme ici dit qu'elle brûle. Vous voyez, c'est la puissance de guérison de Dieu. Beaucoup de gens parlent d'une sensation de brûlure; c'est la présence de guérison de Dieu. Maintenant, réjouissons-nous mais soyons aussi respectueux parce que c'est une chose merveilleuse et précieuse que Dieu est en train de faire. Amen. Pensez-vous que vous êtes prêt à partir? Vous devez simplement rester branché. Je crois que dans un petit moment vous n'aurez plus de déformation.

OK. Bien. Nous allons faire venir quelqu'un d'autre. Quel est votre problème? Votre jambe gauche fait 6,5 mm de moins que la droite. Comment le savez-vous? Voulez-vous changer? C'est trop tard une fois que c'est fait. J'ai connu un homme qui ne voulait pas que cela lui arrive car il aurait dû refaire tous les ourlets de ses pantalons.

Pouvez-vous vous installer? C'est votre jambe gauche qui est plus courte d'environ 1,3 cm et elle grandit rapidement. Amen. Vous avez un réajustement du dos. Merci, Seigneur. Asseyez-vous et remerciez-le. Nous te remercions Seigneur. Nous te louons. Alléluia. Nous louons ton nom. Merci Seigneur. Amen.

Proclamation

Vainqueur par le sang et par la Parole

Je suis sûr que quand les israélites ont été délivrés de l'esclavage en Egypte ils ont pensé que leurs problèmes étaient terminés, que le reste de leur voyage vers la Terre Promise serait facile et sans péripétie. Le résultat, c'est qu'ils n'étaient pas préparés pour ce qui allait suivre et ils n'ont pas fait confiance à Dieu pour obtenir la force, l'aide et la délivrance. C'est souvent aussi vrai pour nous. Dieu nous a donné la liberté. Nous pensons que le reste de notre vie va être facile et sans péripétie.

Dieu n'est jamais pris de court par les défis que nous devons affronter

Le fait que Dieu vous ait accordé une grande délivrance, une victoire, une bénédiction ou une guérison, ou toute autre chose, ne signifie pas que vous n'allez plus être éprouvé. Plus la victoire est grande, plus l'épreuve que vous pourrez subir sur la base de cette victoire sera grande. Les israélites pensaient qu'à cause de leur remarquable délivrance rien ne pourrait leur arriver qui pourrait défier leur foi. Ils ne pouvaient pas imaginer qu'un tel défi pourrait leur arriver alors que Dieu les conduisait en personne et qu'il leur avait accordé une telle victoire. En conséquence, ils n'étaient pas prêts quand ils sont arrivés aux eaux amères et c'est là qu'ils ont commencé à murmurer et à se plaindre.

Qu'importe le nombre de fois où nous ne sommes pas préparés, Dieu lui, n'est jamais pris au dépourvu. Dieu n'agit jamais dans l'urgence. Il n'est confronté à aucune situation pour laquelle il n'ait une réponse. Comme vous vous êtes confié en lui pour votre guérison ou votre miracle, continuez à compter sur lui pour la santé et la délivrance. *Confiez-vous en lui en tout temps, peuples, épanchez vos coeurs en sa présence! Dieu est notre refuge.* (Psaume 62:9)

Gardez la liberté que vous avez acquise à travers la foi constante en la parole de Dieu. Puis, à chaque nouvelle épreuve, pour chaque nouveau défi, faites-lui sans cesse confiance, en croyant sa Parole, en confessant sa vérité, en agissant selon elle, et en remerciant. C'est ainsi que vous pourrez continuellement avancer dans la volonté et la puissance de Dieu pour n'importe quel besoin de votre vie, que ce soit la santé, la guérison, la délivrance ou la victoire.

Proclamation

Vainqueur par le sang et par la Parole

Je suis sûr que quand les israélites ont été délivrés de l'esclavage en Egypte ils ont pensé que leurs problèmes étaient terminés, que le reste de leur voyage vers la Terre Promise serait facile et sans péripétie. Le résultat, c'est qu'ils n'étaient pas préparés pour ce qui allait suivre et ils n'ont pas fait confiance à Dieu pour obtenir la force, l'aide et la délivrance. C'est souvent aussi vrai pour nous. Dieu nous a donné la liberté. Nous pensons que le reste de notre vie va être facile et sans péripétie.

Dieu n'est jamais pris de court par les défis que nous devons affronter

Le fait que Dieu vous ait accordé une grande délivrance, une victoire, une bénédiction ou une guérison, ou toute autre chose, ne signifie pas que vous n'allez plus être éprouvé. Plus la victoire est grande, plus l'épreuve que vous pourrez subir sur la base de cette victoire sera grande. Les israélites pensaient qu'à cause de leur remarquable délivrance rien ne pourrait leur arriver qui pourrait défier leur foi. Ils ne pouvaient pas imaginer qu'un tel défi pourrait leur arriver alors que Dieu les conduisait en personne et qu'il leur avait accordé une telle victoire. En conséquence, ils n'étaient pas prêts quand ils sont arrivés aux eaux amères et c'est là qu'ils ont commencé à murmurer et à se plaindre.

Qu'importe le nombre de fois où nous ne sommes pas préparés, Dieu lui, n'est jamais pris au dépourvu. Dieu n'agit jamais dans l'urgence. Il n'est confronté à aucune situation pour laquelle il n'ait une réponse. Comme vous vous êtes confié en lui pour votre guérison ou votre miracle, continuez à compter sur lui pour la santé et la délivrance. *Confiez-vous en lui en tout temps, peuples, épanchez vos coeurs en sa présence! Dieu est notre refuge.* (Psaume 62:9)

Gardez la liberté que vous avez acquise à travers la foi constante en la parole de Dieu. Puis, à chaque nouvelle épreuve, pour chaque nouveau défi, faites-lui sans cesse confiance, en croyant sa Parole, en confessant sa vérité, en agissant selon elle, et en remerciant. C'est ainsi que vous pourrez continuellement avancer dans la volonté et la puissance de Dieu pour n'importe quel besoin de votre vie, que ce soit la santé, la guérison, la délivrance ou la victoire.

Une proclamation quotidienne de santé et de guérison

Dans Apocalypse 12: 11, nous avons une image d'un terrible conflit de la fin des temps entre le peuple de Dieu et le peuple de satan. Le diable est personnellement impliqué. Pourtant ce verset nous donne une clé pour la victoire.

Ils (le peuple de Dieu) *l'ont vaincu* (satan) *à cause du sang de l'Agneau et à cause de la parole de leur témoignage, et ils n'ont pas aimé leur vie jusqu'à craindre la mort.*

Comment sommes-nous vainqueurs de satan? *Par le sang de l'Agneau et par la parole de notre témoignage.* Nous vainquons satan quand nous témoignons personnellement de ce que la Bible, la parole de Dieu dit que le sang de Jésus a fait pour nous. Vous devez d'abord savoir ce que la parole de Dieu dit. Puis vous devez en faire une parole personnelle qui s'applique à votre vie.

Ma femme, Ruth, et moi avons une forme de témoignage que nous faisons régulièrement; il est basé sur la parole de Dieu. Je vous encourage à en faire votre confession quotidienne:[§§]

Mon corps est un temple pour le Saint-Esprit; racheté, purifié, et sanctifié par le sang de Jésus. Mes membres, les parties de mon corps, sont des instruments de justice abandonnés à Dieu pour son service et sa gloire. Le diable n'a pas de place en moi, pas de pouvoir sur moi, pas de revendication sur moi. Tout a été réglé par le sang de Jésus. Je suis vainqueur de satan par le sang de l'Agneau et la parole de mon témoignage, et je n'aime pas ma vie jusqu'à craindre la mort. Mon corps est pour le Seigneur et le Seigneur pour mon corps.

Chacune de ses affirmations est tirée de la Bible:

Mon corps est le temple du Saint-Esprit. (voir 1 Corinthiens 3:16; 6:19)

Racheté, purifié et sanctifié par le sang de Jésus. (voir par exemple Hébreux 9:14; 13:12; 1 Pierre 1:18-19; 1 Jean 1:7; Apocalypse 5:9)

[§§] Voir aussi toute la collection de 'cartes de proclamation', note de l'éditeur.

Mes membres, les parties de mon corps sont des instruments de justice abandonnés à Dieu pour son service et sa gloire. (voir Romains 6:13)

Le diable n'a pas de place en moi, pas de puissance sur moi, pas de revendication sur moi. (voir par exemple Luc 10:18-19; Actes 10:38; 2 Thessaloniciens 3:3; Apocalypse 12:10)

Tout a été accompli par le sang de Jésus. (voir par exemple Colossiens 1:19-20; Hébreux 2:14-15; 7:26-27; 10:10)

Je suis vainqueur de satan par le sang de l'Agneau et la parole de mon témoignage et je n'aime pas ma vie jusqu'à craindre la mort. (voir Apocalypse 12:11)

Mon corps est pour le Seigneur et le Seigneur pour mon corps. (voir 1 Corinthiens 6:13)

Vous devez en faire votre confession personnelle, et pas simplement une répétition de ce que Ruth et moi disons. Vous le dites parce que la Bible le dit. Si vous croyez la Bible, vous croyez ces paroles. Dites-les à haute voix maintenant et chaque jour. Vous vous adressez au monde spirituel invisible et c'est là que vos paroles ont un impact que vous ne pouvez même pas mesurer.

Si vous croyez vraiment cette confession, alors remerciez le Seigneur. C'est l'expression de votre foi.

Vaincre continuellement

Plus haut dans ce livre, nous avons parlé d'Exode 15:26: *Je suis l'Eternel qui te guérit* qui est au présent. "Je suis le Seigneur qui est en train de te guérir." Si vous vivez en contact avec le Seigneur il vous guérit en permanence. C'est un processus continuel. De même peu importe la situation que vous affrontez, - un besoin de guérison, une délivrance, la paix du coeur, ou une intervention miraculeuse si vous vivez en contact avec le Seigneur, il vous rend capable de vaincre continuellement.

Je vous ai parlé ainsi, pour que vous ayez la paix en moi. Vous aurez des tribulations dans le monde; mais prenez courage, j'ai vaincu le monde. (Jean 16:33)

Vous, petits enfants, vous êtes de Dieu et vous avez vaincu les faux prophètes, car celui qui est en vous est plus grand que celui qui est dans le monde. (1 Jean 4:4)

Que Dieu vous bénisse et que vous puissiez le connaître comme celui qui vous guérit et qui vous délivre.

Du même auteur:
Cours d'Etude Autodidactique de la Bible
Ils chasseront les démons
Faire face à nos ennemis: la sorcellerie, ennemi public n° 1
Le remède de Dieu contre le rejet
Prier pour le gouvernement
Les actions de grâces, la louange et l'adoration
Votre langue a t elle besoin de guérison?
L'abondance de Dieu
Le mariage: une alliance
Dieu est un Faiseur de mariages
Le plan de Dieu pour votre argent
L'échange divin
La série des fondements de la foi, vol. 1, 2 et 3
Le Saint-Esprit, oui! Mais...
La destinée d'Israël et de l'Eglise
La sorcellerie, exposée et vaincue
Réclamer notre héritage
Comment trouver le plan de Dieu pour votre vie
Comment opère la grâce?
Le baptême dans le Saint-Esprit
La terre promise, la parole de Dieu et la nation d'Israël
Le chemin dans le saint des saints
Faire face à l'avenir
Où trouver la sécurité?
Derek Prince, la biographie (Stephen Mansfield)
Pèlerinage à travers l'épître aux Romains
Perles de la Parole
Si vous désirez le meilleur de Dieu
Un nouveau départ
Et autres.
A commander chez l'éditeur, ou chez votre librairie chrétienne.
Ecrivez à notre adresse pour recevoir gratuitement un catalogue de tous les livres et de tous les messages audio et vidéo/DVD de Derek Prince:

DEREK PRINCE MINISTRIES FRANCE
21, Route d'Oupia, 34210 Olonzac FRANCE
tél. (33) 04 68 91 38 72 fax (33) 04 68 91 38 63
E-mail info@derekprince.fr * www.derekprince.fr

Cessez de vous trouver des excuses et faîtes en sorte que votre désir d'étudier la parole de Dieu devienne une réalité !

Cours biblique par correspondance: 'Les fondations chrétiennes' par Derek Prince

La plupart des chrétiens ont un désir sincère d'une meilleure connaissance de la Bible. Ils savent qu'une étude suivie et approfondie de la parole de Dieu est indispensable pour mûrir et vivre une vie chrétienne efficace. Malheureusement, la plupart manquent aussi de discipline, de direction et de motivation pour réussir une telle étude. Par conséquent, ils passent à coté des nombreux avantages obtenus par la connaissance et l'application de la Parole. Afin de fournir une direction et une discipline systématique dans l'étude de la Bible, Derek Prince a développé le cours par correspondance 'Les fondations chrétiennes'. Cette étude par correspondance vous permet de travailler à votre propre rythme, tout en offrant l'avantage d'un contact direct avec un coordinateur biblique qui peut vous fournir une direction ou de l'aide. Le cours est conçu autour de techniques d'enseignements établies et efficaces et est méthodique, avec des fondements bibliques et pratiques. Si vous souhaitez obtenir une brochure gratuite vous donnant plus d'informations sur le cours et comment vous inscrire (Europe, DOM/TOM et Amérique du Nord seulement), merci de contacter:

Derek Prince Ministries France, B.P 31, 34210 Olonzac
Tel 04 68 91 38 72, fax 04 68 91 38 63
Email: info@derekprince.fr

www.ingramcontent.com/pod-product-compliance
Lightning Source LLC
LaVergne TN
LVHW051103080426
835508LV00019B/2032